ALEXEJ TARCHANOW · SERGEJ KAWTARADSE

STALINISTISCHE ARCHITEKTUR

KLINKHARDT & BIERMANN

VORWORT

Es scheint, als hätte sich die Kunst der stalinistischen Ära in einer Umgebung entwickelt, in der die Zeit stillstand: Auf der einen Seite orientierte sich die Architektur an zum Teil längst vergangenen historischen Stilen, auf der anderen ahnte sie gewissermaßen die Postmoderne voraus. Dieser Widerspruch, aber auch eine gewisse Exotik, die sich in den Augen des Westens mit der Sowjetunion verbindet, und nicht zuletzt der augenfällige optische Reiz einiger Bauwerke, die zwischen den 30er und 50er Jahren entstanden, könnten dazu beigetragen haben, zunehmendes Interesse für die stalinistische Architektur zu wecken. Dieses Interesse beschränkt sich keineswegs nur auf die UdSSR beziehungsweise auf Rußland, sondern wächst auch im Westen.

Dieses Buch will den steigenden Bedarf an Informationen über die Vorgänge in der sowjetischen Gesellschaft während der Epoche Stalins befriedigen, aber auch tieferes Verständnis für das gesamte Phänomen der stalinistischen Architektur vermitteln.

Die spezifisch »stalinistische« Architektur entwickelte sich im Zusammenhang mit einer vielschichtigen Ästhetik, die jeden Aspekt der Kultur in der stalinistischen Ära einbezieht.

Über Begriffe wie »stalinistisches Empire«, »stalinistischer Klassizismus« und »stalinistischer Barock« läßt sich leicht spotten. In den 60er Jahren suchten sich die sowjetischen Kulturkritiker gegenseitig mit Beschreibungen der sogenannten »Konfektionsarchitektur« zu überbieten, die der Ironie nicht entbehrten und oftmals auf Anregung offizieller Stellen entstanden. Aber rückblickend und dank umfassenderer Kenntnis der Kunst des späten zwanzigsten Jahrhunderts befinden wir uns in der vorteilhaften Lage, die Kultur dieser Epoche objektiver beurteilen zu können. Trotz aller verständlichen Vorbehalte gegenüber der blutigen Geschichte, die mit dem Stalinkult verbunden ist, läßt sich die dynamische, schöpferische Qualität einiger Kunstwerke aus dieser Ära nicht leugnen. Sie sollten eine Ideologie untermauern, die danach strebte, die Sowjetunion vom Rest der Welt zu isolieren. Dieses Ziel wurde jedoch nicht erreicht, sondern das genaue Gegenteil bewirkt – eine Annäherung des Landes an die zeitgenössische europäische und amerikanische Kultur, aber auch an die Antike und die Renaissance.

Der sowjetische Schriftsteller und Literaturkritiker Andrej Sinjawski hat eine neue Generation mit seinen Betrachtungen über das Wesen der Kunst tief beeindruckt: »Kunst fürchtet weder Diktatoren noch Repressionen, ja, nicht einmal konservative Einstellungen oder Klischees. Falls erforderlich, kann sich die Kunst streng an ihren eigenen Gesetzmäßigkeiten orientieren, sich aber auch in groben Zügen politischen Notwendigkeiten unterordnen. Sie vermag sich aller Individualität zu entledigen und versteht es dennoch, ihre Größe zu bewahren. Kunst verfügt über genügend Flexibilität, um jede noch so schmerzhafte Anpassung an ein Schema vorzunehmen, das ihr von der Geschichte vorgegeben wird...«

Die Architektur des stalinistischen Zeitalters besitzt viele unterschiedliche Vorzüge, die Sinjawski auflistet. Sie war nicht nur ein Spielball der Regierung – obwohl viele totalitäre Regime ihr Spiel mit der Architektur getrieben haben – oder Zerrbild eines merkwürdigen geschichtlichen Mißgeschicks. Bei der stalinistischen Architektur handelt es sich vielmehr um ein echtes Phänomen, um eine großartige Kunst mit vielen Erfolgen und Fehlschlägen, um eine Kunst, die Ruhm und Schande erfuhr und es verdient, im Kontext ihrer Zeit ernsthaft neu beurteilt zu werden.

Bild 1
Juri Nikoladse, Alexej Schtschussew: Basrelief an der Fassade des Marx-Engels-Lenin-Instituts in Tbilissi (Tiflis), 1938. Dieses eher typische als außergewöhnliche Basrelief ist charakteristisch für die Philosophie, die hinter dem Idealbild öffentlicher Bauwerke in der stalinistischen Ära stand. Der Führer, in napoleonischer Pose erstarrt, ist von Repräsentanten des neuen Staates umgeben: einem Bauarbeiter, einem Bergmann, einem Mitglied der Jungen Pioniere (das dem »Kinderfreund« seine Dankbarkeit für eine glückliche Kindheit bezeugt), einer Bäuerin, die die Früchte einer reichen Ernte in den Armen hält, und einem Soldaten der Roten Armee. Im Hintergrund weist eine Lenin-Statue den Weg in eine ruhmreiche Zukunft. Eine Fabrik, das Eingangtor zu einem Elektrizitätswerk und ein Flugzeug sind als Symbole des industriellen und technischen Fortschritts und des damit einhergehenden Wohlstands abgebildet.

Bild 1

WAS IST STALINISTISCHE ARCHITEKTUR?

Mit dem Begriff »stalinistische Architektur« werden hier jene Bauwerke beschrieben, die zwischen 1933, als der letzte Wettbewerb für den Entwurf des Palasts der Sowjets stattfand, und 1955 entstanden, als die Architekturakademie ihre Pforten schloß. Im selben Jahr erließ die Regierung eine Verordnung über »Maßnahmen für die weitere Industrialisierung, Qualitätsverbesserung und Kostensenkung im Bauwesen«. Sie kennzeichnete die Rückkehr der Sowjetunion zur Bewegung der modernen Architektur.
Diese beiden Daten sollte man jedoch nicht allzu wörtlich nehmen. Es war nicht so, daß der stalinistische Stil über Nacht aus dem Nichts auftauchte und später spurlos verschwand. Der Geist des Stalinismus läßt sich sowohl in neueren Bauwerken aus den 70er Jahren, als auch in den meisten konventionellen Projekten der Konstruktivisten* aus den 20er Jahren entdecken.
In neueren sowjetischen Veröffentlichungen wird die stalinistische Architektur lediglich als eine von vielen Stilrichtungen des zwanzigsten Jahrhunderts gesehen, von denen jede ihren Platz zu behaupten trachtet. Dieses Buch zielt indessen darauf ab, das Thema aus einer anderen Perspektive anzugehen. Dabei werden weniger die Gemeinsamkeiten der stalinistischen Architektur mit der zeitgenössischen künstlerischen Tradition des Westens betont, sondern hier stehen vielmehr die Berührungspunkte mit einigen der großen Baustile der Vergangenheit im Vordergrund. Wie diese, so ist auch die stalinistische Architektur sowohl ein untrennbarer Bestandteil als auch eine unvermeidliche Folge ihrer Epoche, die trotz aller Düsternis eine gewisse tragische Größe besitzt.

* Architekturschule, deren Vertreter einem mathematisch-technischen Gestaltungsprinzip anhängen

Nicht nur Rußland erlebte in den 30er und 40er Jahren eine Rückbesinnung auf den konservativen Baustil. Diese Entwicklung fand in vielen Ländern statt, vor allem aber in jenen, die ein totalitäres Regime hatten. Eine naheliegende Parallele läßt sich hier zu Deutschland ziehen. Hitler beabsichtigte beispielsweise, in Berlin ein »Haus des Volkes« von gigantischen Ausmaßen zu bauen. Der Plan wurde zur gleichen Zeit geboren, als in Rußland der Wettbewerb für den Palast der Sowjets stattfand, ein Mammutprojekt, das gegenüber dem Kreml entstehen sollte. Die Konzepte für eine grundlegende Rekonstruktion von Berlin und Moskau entstanden ungefähr im gleichen Zeitraum. Der deutsche und der sowjetische Pavillon für die Weltausstellung von 1937 in Paris wurden in einer Atmosphäre errichtet, die von Rivalität gekennzeichnet war: Der deutsche Bildhauer Arno Breker, ein Günstling Hitlers, zählte in den Augen einer sowjetischen Jury zu den ernsthaften Anwärtern im Wettbewerb um die Gestaltung einer Stalinbüste.[1] Die deutsche Architektur in der faschistischen Ära war jedoch systematischer ausgestaltet, klarer definiert und schlichter ausgeführt als ihre sowjetische Entsprechung. Ihr fehlte das Element der kunstvoll-akribischen Ausschmückung, das an orientalische Gepflogenheiten erinnert und für den Stalinismus und die Persönlichkeit Stalins so charakteristisch ist (oft »Zuckerbäckerstil« genannt).
Josef Stalin wurde im April 1922, im Alter von 43 Jahren, zum Generalsekretär der Kommunistischen Partei ernannt. Zur damaligen Zeit war diese Position auf der mittleren Hierarchieebene des Parteiapparates angesiedelt und nur mit mäßigen Machtbefugnissen ausgestattet; aber bis zum Ende der 30er Jahre hatte Stalin es gleichwohl geschafft, alle Gegner und Konkurrenten aus dem politischen Leben auszuschalten. Der 17. Parteitag, der 1934 abgehal-

Bild 2
S. Orlow, A. Antropow, N. Schtamm, S. Rabinowitsch, J. Slonim, I. Melchakow: Traktorfahrer und Kolchosbauer.
Skulptur über dem Haupteingang zur Landwirtschaftlichen Unionsausstellung in Moskau, 1954.
Die Landwirtschaftliche Unionsausstellung wurde später in eine permante umgewandelt und in »Ausstellung der Volkswirtschaftlichen Errungenschaften der UdSSR« umbenannt. Sie sollte sämtliche Vorzüge des stalinistischen Regimes zum Ausdruck bringen, was natürlich einen Haupteingang von monumentalem Ausmaß erforderte. Diese Skulptur wurde zum offiziellen Sinnbild der Leistungsschau. Die Reliefs auf dem Torbogen zeigen vier weitere typische Helden des Sowjetstaates: einen Agronomen, einen Maschinisten, einen Gartenbauexperten und einen Viehzüchter.

ten wurde, trägt offiziell die Bezeichnung »Parteitag der Sieger«; heute ist er in der Sowjetunion jedoch als »Parteitag, bei dem der Schuß fiel« bekannt. Der Versuch, Stalin mittels eines Attentats durch den allgemein beliebteren Sergej Kirow (Sekretär des ZK) zu ersetzen, schlug fehl und hatte die Ermordung Kirows zur Folge; die Umstände seines Todes sind bis heute ungeklärt.

Zwischen 1934 und seinem Tod im Jahre 1953 schuf und festigte Stalin ein unerbittliches System der Unterdrückung. In einer solchen Diktatur ist jedes Element der Gesellschaft gezwungen, sich in den Dienst des Staates stellen. Die Architekten, die zwar weniger unter den Repressalien des Regimes zu leiden hatten als Schriftsteller und andere Künstler, stellten in dieser Hinsicht keine Ausnahme dar. Um Stalin die Durchführung seines riesigen Bauprogramms zu ermöglichen, wurden immer wieder Strafgefangene zur Zwangsarbeit herangezogen. Ein ganzes Heer von Häftlingen (zeks) errichtete die großartigsten stalinistischen Bauwerke, angefangen von Dämmen, Schleusen, Kanälen und Hochhäusern bis hin zu ganzen Städten, und das alles mit der denkbar primitivsten Ausrüstung. Als Stalins Macht wuchs, wurde sein eigener künstlerischer Geschmack ehernes Gesetz; sein persönliches Eingreifen läßt sich in vielen Architekturentwürfen und Projekten erkennen, die bis zum heutigen Tag überlebt haben. Befaßt man sich mit den baugeschichtlichen Aspekten dieser Periode, sind viele Entscheidungen unverständlich, es sei denn, man ruft sich die direkte Einflußnahme Stalins immer wieder ins Bewußtsein.

Die Angehörigen des Personenkreises, mit dem sich Stalin unmittelbar umgab, ließen ein sehr ähnliches Verhalten wie ihr Herr und Meister erkennen. Auch ihre – oft unqualifizierten – künstlerischen Neigungen und Vorlieben mußten ständig berücksichtigt werden. Zu diesen engen Mitarbeitern gehörten die Politiker Michail Kalinin und Wjatscheslaw Molotow, einfache Männer mit wenig oder gar keiner Vorbildung auf dem Gebiet der Kunst, Kliment Woroschilow, ein ehemaliger Kavallerist, und Lasar Kaganowitsch, der als Arbeiter in der Lederindustrie tätig gewesen war. Sie alle beurteilten die Architektur anhand ihrer eigenen begrenzten Wertmaßstäbe.

Eine so machtvolle Kontrollinstanz, der es jedoch an Fachkenntnissen mangelte, hatte unvermeidlich ihre Folgen. Für geraume Zeit, praktisch bis in die 70er Jahre hinein, sahen sich die sowjetischen Architekten einfach außerstande, dem wahren Geist und der Atmosphäre ihrer Zeit in ihren Werken Ausdruck zu verleihen. Sie wurden unabwendbar in den Sog der Politik gerissen und nicht selten im politischen Kampf geopfert.

Drei Generationen von Architekten lassen sich mit dem stalinistischen Stil in Verbindung bringen. Die erste bestand aus Männern, die schon vor der Revolution auf eine beachtliche Karriere verweisen konnten, wie Alexej Schtschussew, Iwan Scholtowski, Wladimir Schtschuko, Iwan Fomin und die Gebrüder Wesnin. Sie gehörten, gemessen am sozialen Umfeld und Bildungsniveau, dem Bürgertum an und sollten den Grundstein für den stalinistischen Stil legen. Die nächste Generation, zu der Georgi Golz, Andrej Burow und Karo Alabjan zählen, waren überwiegend Schüler der »Vor-Revolutionäre« und offener für den neuen Stil als es Fomin, der Neoklassizist, oder Scholtowski, ein glühender Anhänger des Palladianismus,* je sein konnten.

Der dritten Generation »stalinistischer« Architekten blieb kaum Zeit, sich zu profilieren, bevor das Regime ein Ende fand. Eine kleine Gruppe der begabtesten Baumeister, unter ihnen Viktor Andrejew, Georgi Sacharow und Michail Posochin, schuf Werke, die den stalinistischen Stil in seiner reinsten Form verkörperten. Ein anschauliches Beispiel für die Reinform dieses Stils bieten die Pavillons und Bauten der Landwirtschaftlichen Unionsausstellung, die 1954 in Moskau stattfand.

Die »Architekten von Stalins Gnaden« betrachteten sich selbst als Elite. Sie forderten maßlos hohe Honorare, lebten in luxuriösen Wohnungen, arbeiteten in aufwendig gestalteten Ateliers und stellten unschätzbar wertvolle Privatbibliotheken zusammen. Ihre Lebensweise war ungewöhnlich für ein Land, das mit chronischer Armut und Hunger geschlagen war. Die zeitgenössische sowjetische Filmkunst stellte die Architekten ausnahmslos als genußsüchtige Herrenmenschen dar, die nur ihrer Muße lebten.

Die Architekten selbst waren sich ihrer Situation durchaus bewußt. Welche Nachteile sie auch immer mit sich bringen mochte, die Situation berechtigte sie zu der Hoffnung, selbst noch die ausgefallensten Ideen verwirklichen zu können, solange sie die Unterstützung der allerhöchsten Machtinstanz genossen. Heute mag ihre Einstellung unentschuldbar erscheinen, aber vielleicht ist ihre berufliche Zwangslage verständlich. Tyrannen hatten schon immer eine Schwäche für Baumeister.

Stalins Rußland war ein Alptraum; hier wurde mit zweierlei Maß gemessen und Doppelzüngigkeit verlangt, und selbst die bescheidenen Wünsche und Bestrebungen des gemeinen Volkes konnten als Verbrechen gegen den Staat gewertet werden. Es war eine Ära der glühenden Reden und Aufmärsche – aber auch eine Zeit, in der Menschen verschwanden oder in Nacht-und-Nebelaktionen verhaftet wurden. Obwohl dieser Aspekt der Epoche hier nicht von vorrangigem Interesse ist, sollte man sich an ihn erinnern. Die jüngste Vergangenheit ist noch zu nahe für eine ganz und gar objektive Analyse.

* ein vom Werk Andrea Palladios ausgehender internationaler Klassizismus

Bild 3
Georgi Golz:
Hof des Skulptur-Hauses der Wsekochudoschnik-Kommune in Moskau, 1932–1936.
Der Architekt hat sich bei der Gestaltung von Galerie und Arkade, im Hintergrund zu sehen, stark an das Werk Brunelleschis angelehnt. Während der Stalinzeit wäre der Besitz einer Fotografie wie dieser gefährlich gewesen: die angesammelten Lenin- und Stalinbildnisse, die darauf warteten, abtransportiert und in den entlegensten Winkeln der Sowjetunion zusammengesetzt zu werden, wären als destruktiv betrachtet worden.

Bild 3

Bild 4

AUF DER SUCHE NACH EINEM »SOWJETISCHEN« STIL

Im Mai 1934 wäre ein Spaziergänger im Zentrum Moskaus auf eine ungewöhnliche Ausstellung gestoßen, die in den Fenstern eines Geschäfts in der Gorkistraße zu sehen war. Zahlreiche Architekturprojekte der unterschiedlichsten Stilrichtungen befanden sich in den Auslagen. Man hatte Gästebücher für die Besucher bereitgestellt, um die Meinung der breiten Öffentlichkeit festzuhalten. Die Ausstellung kennzeichnete den Beginn der Suche nach einem Architekturstil, der dem »ersten Arbeiter- und Bauernstaat der Welt« angemessen war.

Dieses »Bravourstück des Widerstandes«, in Form einer Ausstellung inszeniert, beschränkte sich jedoch nicht länger auf das Reißbrett. Wäre unser Spaziergänger am Hotel National, im »dekadenten« Jugendstil (Art Nouveau) erbaut, um die Ecke gebogen und auf den Mochowaja-Prospekt (heute Marx-Prospekt) gelangt, dann hätte er ein kürzlich erst fertiggestelltes Bauwerk zu Gesicht bekommen, das stark an Palladios Loggia del Capitano in Vicenza erinnert. Die breiten Fenster der Front wurden von wuchtigen Säulen gerahmt, die von verschiedenen Kapitellen gekrönt und in einem bestimmten Rhythmus zu Zyklen zusammengefaßt waren. Das Attikageschoß mit seiner kunstvoll gearbeiteten Balustrade erhob sich über einem vorspringenden Gesims, dessen Ornamentik strikt dem palladianischen Stil folgte. In Moskau hatte man seit der Zeit vor dem Ersten Weltkrieg kein so prächtiges neues Bauwerk mehr gesehen. Der Architekt war Iwan Scholtowski.

Er hatte sich dem Projekt mit ganz besonderer Sorgfalt gewidmet. »Ich werde den Klassizismus auf den Mochowaja-Prospekt bringen«, erklärte er seinem Kollegen Schtschussew. »Und sollte ich Schiffbruch erleiden, dann werde ich an den Grundprinzipien des Klassizismus scheitern.«[1] Das fertiggestellte Gebäude beeindruckte seine Zeitgenossen nicht nur wegen der kühnen Verwendung traditioneller Elemente, sondern auch aufgrund der erlesenen Qualität der Arbeit selbst. Ein so hohes Niveau in der Ausführung war in der damaligen Zeit äußerst schwer zu ereichen. Scholtowski überwachte persönlich jeden Aspekt der Konstruktion; er war ein Fachmann für Renaissance-Proportionen und ein Meister des technischen Details. Er empfahl seinen jungen Assistenten, ihre Lehrbücher beiseite zu legen und vor Ort, von den erfahrenen, älteren Polieren auf der Baustelle, zu lernen. Er selbst inspizierte jedes noch so kleine Element des Entwurfs, einschließlich der Türgriffe und Fußleisten. Dafür hatte man Pinienholz verwendet, das geschmirgelt und lasiert worden war, um die Schönheit der Farbe und Maserung zur Geltung zu bringen. Das Gebäude war kein Repräsentationskomplex, sondern ein Wohnblock, dessen monumentales äußeres Erscheinungsbild sich schwerlich mit seinen Funktionen in Einklang bringen ließ. Die schlichten Fenster der Wohnungen waren beispielsweise in einen gigantischen Fries an der Außenseite des Bauwerks eingebettet. Bei der Gestaltung der Innenräume hatte Scholtowski jedoch auf imposante Ausschmückungen verzichtet: die 2-Zimmer-Wohnungen waren praktisch und behaglich gestaltet, ja sogar luxuriös für die damalige Zeit. Die oberen Stockwerke bestanden aus Atelierräumen, in die Tageslicht von zwei Seiten einfiel, da sie auch Fenster hatten, die auf den Hof hinausführten.

Die überwiegende Mehrzahl der Ausstellungsbesucher, die ihren Kommentar ins Gästebuch schrieben, bekundete ihre Begeisterung über derartig »schöne« Bauwerke und lehnte die puritanisch schlichten, schachtelähnlichen Schöpfungen des Konstruktivismus ab. Scholtowski hatte seinem Ruf und dem Klassizismus alle Ehre gemacht.

Bild 4
Boris Jofan, Wladimir Gelfreich, Wladimir Schtschuko:
Palast der Sowjets, Moskau. Wettbewerbsbeitrag, unrealisiert, 1934.
Dieser Entwurf ist die Version, auf die man sich schließlich in der letzten Runde des Wettbewerbs geeinigt hatte.

Bild 5

Bild 7

Bild 6

Bild 8

Bild 5, 6
Iwan Scholtowski:
Wohngebäude an der Mochowaja-Straße, Moskau.
Fassade und Detail des Hauptabschnitts, 1934

Bild 7, 8
Iwan Rerberg:
Zentrales Telegraphenamt, Moskau.
Detail und Fassade, 1925.
Der riesige Globus über dem Eingang dreht sich und wird nachts angeleuchtet. Er ist ein Sinnbild für die telegraphischen Verbindungen, welche die ganze Welt miteinander verknüpfen, und ein typisches heraldisches Symbol der Ära der »Neuen Ökonomischen Politik« Lenins. Während des stalinistischen Zeitalters hätte es nicht verwendet werden dürfen.

Bild 9, 10
Wladimir Schtschuko und Wladimir Gelfreich:
Neue Lenin-Bibliothek, Moskau. Haupteingang und Korridor, 1928

Bild 9

Bild 10

Der Sieg, den Scholtowski mit dem Wohnblock am Mochowaja-Prospekt verbuchen konnte, war der Höhepunkt eines erbitterten Kampfes, der seit Beginn der 20er Jahre zwischen den Modernisten und den Traditionalisten auf den Straßen Moskaus ausgefochten wurde. Scholtowskis gefährlichster Gegenspieler war Le Corbusier, dessen wie üblich streng funktional gestaltetes Zentrosojus-Gebäude an der Kirow-Straße ebenfalls 1934 fertiggestellt wurde. Es galt als das erste bedeutsame Werk des großen französischen Funktionalisten, obwohl er selbst enttäuscht war über die mangelhafte Qualität der Ausführung und die Unmöglichkeit – bedingt durch die damaligen Umstände –, eine Reihe technischer Probleme zu lösen. Es läßt sich denken, daß das Arbeitsklima während der Bauarbeiten wohl nicht gerade angenehm gewesen sein dürfte.

Seit Anfang der 20er Jahre hatte sich ganz allmählich eine außergewöhnliche Situation in der russischen Architektur entwickelt. 1934 war schließlich der Punkt erreicht, wo es offenbar unmöglich schien, daß mehrere Architekturschulen gleichzeitig nebeneinander existierten. Sobald eine Architekturformel offiziell Billigung fand, schloß sie alle – oder in kurzen Perioden mit verhältnismäßig liberalen Tendenzen beinahe alle – anderen automatisch aus. Diese brandmarkte man dann als irregeleitete Auffassung und schädlichen Einfluß, ja sogar als bewußte Sabotage. Im Verlauf der Zeit wurde jede »wahre« Architekturbewegung von der nächsten abgelöst und die abgelehnte Version verurteilt, nicht weil sie als veraltet, sondern weil sie als falsch galt. Der Wandel – während der stalinistischen Periode mit dem nichtssagenden Begriff »schöpferische Entwicklungen« bezeichnet – ging stets mit einer spannungsgeladenen Atmosphäre und hochdramatischen Ereignissen einher.

1934 war deshalb die politische Niederlage der Modernisten eine vollendete Tatsache. Die gängige Ansicht, daß Stalins Machtkonsolidierung die Verdrängung des Konstruktivismus durch einen neuen, pseudo-klassischen Stil zur Folge gehabt hätte, ist jedoch eine unzulässige Vereinfachung. Selbst in der Zeit, als die Modernisten theoretisch eine Vorrangstellung einnahmen, konnten sie die Architektur nicht uneingeschränkt bestimmen; während der gesamten 20er Jahre tauchten Bauwerke in historisierenden Stilrichtungen auf. 1923 wurde ein Obelisk auf dem rekonstruierten Sowjetplatz, unweit des Kreml, aufgestellt. Der Entwurf stammte von dem Architekten Dmitri Ossipow und dem Bildhauer Nikolaj Andrejew; er war im Empirestil gehalten und dem Gedenken an die erste Verfassung der Sowjetunion gewidmet. Daneben entstand ein Monumentalbau mit einer Eingangshalle nach dem Vorbild der Propyläen auf der Akropolis in Athen. 1922 waren bereits Propyläen unmittelbar neben dem Smolny-Institut in Petrograd errichtet worden, der Kommandozentrale der Bolschewiken während der Oktoberrevolution. Dieses Bauwerk stammte von Wladimir Schtschuko und Wladimir Gelfreich, die maßgeblich dazu beitrugen, daß sich der stalinistische Stil durchsetzte.

Die Entwürfe, die in den ersten Wettbewerben eingereicht wurden und einen prägenden Einfluß auf die Entwicklung des stalinistischen Stils haben sollten – für den Palast der Werktätigen (1919) und den Palast der Arbeit (1922–23) – wiesen ebenfalls in ihren Grundzügen traditionelle Merkmale auf. Die Konstruktivisten nahmen ihre Gegner jedoch nicht ernst. Fast alles, was sich vor dem Oktober 1917 ereignet hatte, wurde als »verwünschte Vergangenheit« betrachtet, und das war nicht nur die offizielle Position, sondern auch die auf-

Bild 11
Iwan Scholtowski:
Wohngebäude an der Mochowajastraße, Moskau.
Grundriß, 1934

Bild 12
Wladimir Schtschuko und Wladimir Gelfreich:
Neue Lenin-Bibliothek, Moskau. Grundriß, 1928

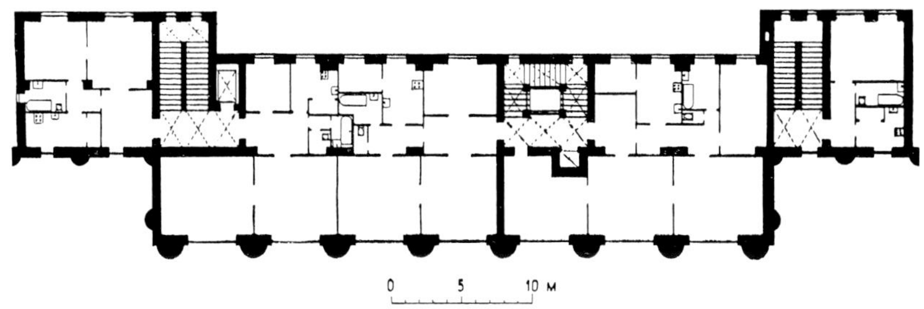

Bild 11

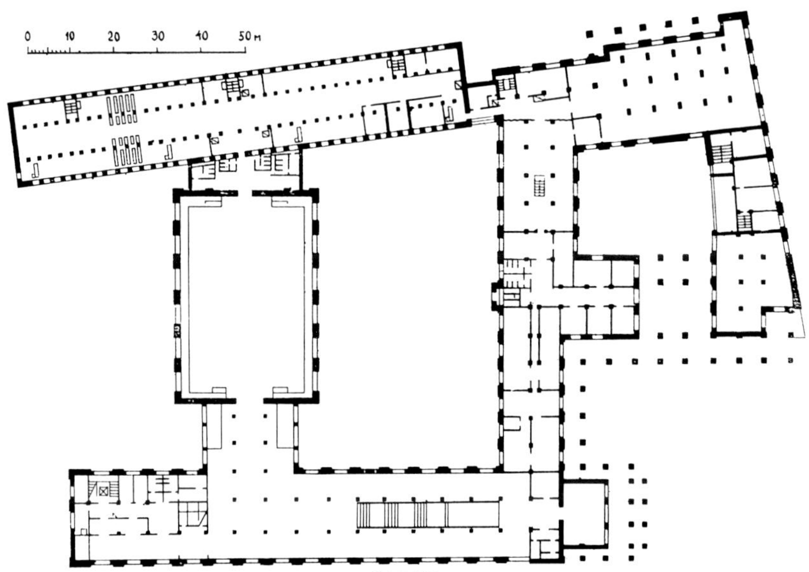

Bild 12

Bild 13
Wladimir Schtschuko und Wladimir Gelfreich:
Neue Lenin-Bibliothek, Moskau. Portikus und Fassade, 1941 vollendet.
Einige Mythen, die sich um die stalinistische Epoche ranken, haben sich in gewissem Grad bis zum heutigen Tag erhalten. Die Lenin-Bibliothek zählt zu den Bauwerken, die am stärksten an die tatsächlich durchgeführten Architekturprojekte erinnern. Sie galt als Sinnbild des Lernens, als vorbildhaft und als die größte öffentliche Bibliothek, die je gebaut worden war.

ГОСУДАРСТВЕННАЯ
БИБЛИОТЕКА СССР
ИМЕНИ
ЛЕНИНА

richtige Überzeugung der meisten Anhänger der neuen Ideologie. Die Welt mußte von Grund auf neu gestaltet werden, und der Wortschatz der Internationale fand seinen Widerhall in zahllosen politischen Versammlungen: »Laßt uns die Vergangenheit ein für allemal auslöschen ...laßt uns die Welt von der Spitze bis zum Fundament neu aufbauen!« Dennoch blieb der Klassizismus als Stil mehr oder weniger annehmbar. Er wurde mit der Demokratie in Athen in Zusammenhang gebracht und war von einer Geisteshaltung getragen, die keine geographischen Grenzen kannte und somit in Einklang mit der Mahnung stand: »Proletarier aller Länder, vereinigt euch!« – eine beliebte Parole in den Jahren unmittelbar nach der Revolution. Anatoli Lunatscharski, einer der engsten Mitarbeiter Lenins und der erste sowjetische Volkskommissar für das Bildungswesen, schrieb 1919: »Dank der fortschreitenden, auf wissenschaftlicher Grundlage beruhenden Mechanisierung der Produktion verfügt das Proletariat – die Klasse der Lohnarbeiter – über die Möglichkeit, die einzige Kultur der Vergangenheit wiederaufleben zu lassen, die jemals dem Ideal nahegekommen ist, nämlich die Athens. Somit wird es ihm gelingen, die Sehnsucht nach Harmonie von Körper und Geist zu befriedigen, die den größten Utopisten aller Zeiten, Saint-Simon, beflügelte.«[2]

Zu Beginn der 20er Jahre hatte die Sowjetunion bereits ihre eigene Geschichte erworben. In der Ära der Neuen Ökonomischen Politik (NEP) – die von Lenin 1921 gesetzlich festgeschrieben wurde und die Rückkehr zu freiem Unternehmertum gestattete – distanzierte sich das Land von den Grausamkeiten der Revolution und des Bürgerkrieges und wandte sich wieder den uralten Mythen und romantischen Sagen zu. Die »Revolutiongeschichte«, auf die man nun verweisen konnte, ermöglichte eine vorurteilsfreiere geistige Auseinandersetzung mit der eigenen, bürgerlichen Vergangenheit. Der vergleichsweise hohe Lebensstandard, den die NEP mit sich brachte, schuf eine nostalgische Stimmung. Die Menschen sehnten sich nach Sicherheit und Behaglichkeit. Diesen wehmütigen Anwandlungen konnte man Rechnung tragen; nicht nur in Antiquitätengeschäften, sondern auch auf dem Gebiet der Architektur. Baumeister, die der Tradition verhaftet waren und vor der Revolution Erfahrungen im Wettbewerb um Bauaufträge gesammelt hatten, überließen ihren Rivalen aus dem Lager der Konstruktivisten nun stillschweigend die Entwürfe für Gemeinschaftswohnungen und Klubs, da sie im Kampf um prestigeträchtigere Bauprojekte zu siegen hofften.

1925 fand ein Wettbewerb für den Entwurf des Zentralen Telegraphenamtes in Moskau statt. Das Gebäude sollte zur Erinnerung an den zehnten Jahrestag der Revolution errichtet werden, der 1927 ins Haus stand. Sechs Beiträge erhielten einen Preis, aber die Jury, bestehend aus Mitgliedern der Baukommission des Volkskommissariats für Post- und Telegraphenwesen, beauftragte die beiden namhaften Traditionalisten Alexej Schtschussew und Iwan Rerberg mit der Anfertigung weiterer Musterzeichnungen. Schtschussew wurde den Erwartungen nicht gerecht, die man in ihn setzte, vermutlich, weil sein elegantes Design rein konstruktivistische Merkmale aufwies. Rerberg machte das Rennen; sein Entwurf, von den Konstruktivisten als »beispiellos verknöchertes Musterexemplar der Baukunst einer hoffnungslos veralteten Periode« abqualifiziert, bot nach Ansicht der Preisrichter »die besten Lösungen hinsichtlich der Beleuchtungs- und bautechnischen Probleme.«[3] Das Ergebnis des Wettbewerbs war ein harter Schlag für die Modernisten, die das neue Telegraphengebäude noch einige Zeit unter Beschuß nahmen: »... Im Telegraphengebäude wurde das Stahlbetonskelett mit Backsteinen umgeben, und diese beiden Wände wiederum mit Granitblöcken umhüllt. Granit natürlich ›der Schönheit wegen‹ – das versteht sich von selbst! Aber diese ›Schönheit‹ steht in absolutem Widerspruch zur klaren, logischen Struktur des Stahlbetons. Statt drei ansehnliche Gebäude mit drei verschiedenen Wandarten zu schaffen – Stahlbeton, Backstein und Granit – hat Rerberg beschlossen, ein einziges Gebäude von minderer Qualität zu errichten. Ein Blick auf das Chaos der ornamentalen Ausschmückung und das Maßwerk oberhalb des mittleren Abschnitts, ... auf die plumpe Form und Oberflächenbeschaffenheit der Pilaster, die exotischen Blumenmotive, die das Postament des Fahnenmastes schmükken, auf die in ihren Proportionen unausgewogenen Obelisken nahe den Eingängen ..., auf die primitiv geschnitzte Beschriftung, genügt, um zu erkennen, daß Rerbergs Telegraphenamt den Errungenschaften der Revolution kaum zur Ehre gereicht.«[4]

Ein Jahr später entstand ein weiteres, wichtiges neues Bauwerk im Zentrum Moskaus, ebenfalls nach klassischem Muster, das in direktem Widerspruch zu den Prinzipien des Konstruktivismus stand. Als Standort wählte man die Neglinnajastraße; die Verwaltungszentrale der Sowjetischen Staatsbank (Gosbank) hätte im Florenz der Medici nicht fehl am Platz gewirkt. Der Architekt war natürlich Scholtowski, und scharfsinnige Konstruktivisten erkannten, daß sein Werk für ihre Position die größte Bedrohung darstellte. Alexander Wesnin, einer der führenden Modernisten, formulierte seine Kritik folgendermaßen: »Der Entwurf des Akademiemitglieds Scholtowski ist eine kompliziertere Angelegenheit als Rerbergs Telegraphenamt ... Beide sind Beispiele für eine Flucht in die Vergangenheit. Rerbergs ideologische Sterilität und sein absoluter Mangel an Kunstsinn entlarven ihn als das, was er wirklich ist – ein Mann, der auf Bestellung arbeitet. Scholtowskis Ehrgeiz, der darin besteht, die zeitgenössische sowjetische Architektur mit den Grundprinzipien der italienischen Renaissance und überholten Formen des fünfzehnten und sechzehnten Jahrhunderts zu befrachten, ist wesentlich klarer umrissen und zerstörerisch. Ein Bauwerk wie Scholtowskis Gosbank richtet in unserer Gesellschaft den größten Schaden an, da es die vollständige Entfremdung von den Strömungen unserer Zeit mit einer Philosophie der ›unvergänglichen‹ Formen und einer technischen Qualität von zweifellos hohem Niveau zu rechtfertigen sucht. Aber es ist und bleibt dennoch eine Nachbildung.«[5]

Wesnin deutete die Vorzeichen richtig. Die Niederlage der modernistischen Theorie war überwiegend Scholtowski zuzuschreiben, obwohl dieser nicht den geringsten Ehrgeiz verspürte, eben jener Form der stalinistischen Architektur den Weg zu ebnen, die sich schließlich durchsetzte.

1929 erzielte der Eklektizismus (ein Begriff, mit dem die Konstruktivisten alle möglichen Stilrichtungen bezeichneten, die sich an vergangenen Epochen orientieren) einen weiteren Triumph mit einem Entwurf für die Lenin-Bibliothek, die unweit des Kreml errichtet werden sollte. Obwohl der Wettbewerb offen war, bestand die Jury ausschließlich aus Mitgliedern der Moskauer Architekturgesellschaft (MAO), die 1867 in Leben gerufen worden und zutiefst konservativ geblieben war. Allein diese Tatsache schreckte viele Modernisten von der Teilnahme ab. In der zweiten Runde wurde der Auftrag, wie erwartet, an einen Vertreter der alten akademischen Schule, Wladimir

Schtschuko und seinen langjährigen Weggefährten Wladimir Gelfreich vergeben. Ihr erster Entwurf, vermutlich der dürftigste von allen Eingängen, trug noch konstruktivistische Züge; die Version, mit der sie schließlich siegten, hatte sich jedoch in eine Schöpfung im Stil des Art deco verwandelt, die stark an die zeitgenössische Architektur des Westens erinnerte.

Die Entscheidung der Jury wurde von der Moskauer Architektur-Gesellschaft hitzig diskutiert. SA, die Fachzeitschrift der Organisation Zeitgenössischer Architekten (OSA), veröffentlichte die entrüsteten Zuschriften aller namhaften Gruppierungen, einschließlich der Organisation der Städtebau-Architekten (ARU), der ASNOWA-Gruppe (Verband Neuer Architekten) und der Architektur-Abteilung der Hochschule für Kunst und Technik. Selbst der Allunionsverband Proletarischer Architekten (WOPRA, der Anfang 1929 gegründet worden war), dessen Mitglieder später eine maßgebliche Rolle bei der »Änderung der schöpferischen Ausrichtung« in der sowjetischen Architektur spielen sollte, stimmte in den Chor der Empörung ein. Dann wurde ordnungsgemäß eine Resolution unter der Schirmherrschaft des ersten Allunionskongresses der OSA mit folgendem Wortlaut verfaßt: »Der erste Allunionskongreß der OSA bringt, in Kenntnis der Entscheidung über die Lenin-Bibliothek in Moskau, hiermit nachdrücklich und kategorisch seinen Protest gegen die Errichtung dieses Gebäudes – das ein Werk von weltweiter Bedeutung und ein Lenin würdiges Denkmal sein sollte – nach dem reaktionären Entwurf des Akademiemitglieds Schtschuko zum Ausdruck. Der Kongreß erklärt, daß uns die preisgekrönte Einsendung ideologisch fremd und von allen Beiträgen zum Wettbewerb praktisch der schwächste ist. Die Entscheidung steht in grobem und heftigem Widerspruch zu den Ansichten und Wünschen des Großteils der sowjetischen Gesellschaft, die wiederholt und klar ihre ablehnende Haltung gegenüber Schtschukows Entwurf in Publikationen von Regierung und Partei, wie auch in Versammlungen und Debatten zum Ausdruck gebracht hat.

Der Kongreß empfindet eine solche vorsätzliche Mißachtung der öffentlichen Meinung völlig unannehmbar. Wir bestehen kategorisch auf einer grundlegenen Neubeurteilung des eklektischen Entwurfs von Schtschuko durch eben jene Behörden und Körperschaften, die für den Bau der Lenin-Bibliothek verantwortlich zeichnen.«[6]

Schtschuko und Gelfreich waren, wie viele andere, weit davon entfernt, eingleisig die traditionsgebundene Architektur zu stützen, für die sie offiziell eintraten. Während sie noch am Bibliotheksprojekt arbeiteten, befaßten sie sich gleichzeitig mit Entwurf und Errichtung rein konstruktivistischer Bauwerke; ein Beispiel ist das Gorki-Theater in Rostow am Don, das 1934 fertiggestellt wurde. Nachdem sie hier eine prunkvolle Fabrik für landwirtschaftliche Maschinen gebaut hatten, kam ihnen die Idee, das Theater in Form eines Traktors zu gestalten. Das Gebäude ist, innen und außen, im stalinistischen Stil gehalten. Es sollte Platz für große öffentliche Versammlungen und die Möglichkeit bieten, Massenaufmärsche durchzuführen. Pläne wie dieser waren charakteristisch für die 20er Jahre; sie wurden jedoch in der Stalin-Ära verworfen, als man die Funktion der Theatergebäude durch und durch vom konventionellen Standpunkt aus betrachtete.

Fomin, Schtschussew und Scholtowski arbeiteten, wie viele ihrer Zeitgenossen, gelegentlich in Stilrichtungen, die nur halbherzig den Grundsätzen des Modernismus entsprachen. Schtschussew entwarf einige bedeutende »konstruktivistische« Bauwerke, ohne den »fünf Prinzipien« von Le Corbusier allzuviel Beachtung zu schenken. Scholtowski beugte sich ebenfalls nur zögernd der modernen Architekturbewegung. 1928 baute er das Kesselhaus des Moskauer Elektrizitätswerks, unter dem Namen MOGES bekannt. Zum ersten und einzigen Mal in seiner beruflichen Laufbahn entwarf dieser glühende Verehrer der italienischen Renaissance ein Gebäude im konstruktivistischen Stil, den er im Grunde seines Herzens tief verachtete. Im Rußland der 20er und 30er Jahre galten Elektrizitätswerke als Bauwerke der Zukunft und der Konstruktivismus als Stil der Zukunft, so daß Scholtowkis Entscheidung als zweckmäßig erachtet wurde. Er betonte bei der Gestaltung des Maschinenraums beispielsweise bewußt die rein praktischen Einzelheiten wie Treppengeländer, Leitern, Laufstege und zylindrische Röhren. Selbst hier fand sich jedoch ein Widerhall klassizistischer Elemente: paarig angeordnete verglaste Erker stützen, wie Säulenpaare, den schlichten Architrav des oberen Stockwerks im Kesselhaus. Darüber hinaus war die »konstruktivistische« Fassade des Gebäudes nicht die wichtigste; MOGES nahm eine große Fläche des Moskwa-Kais gegenüber dem Kreml ein, und die weitläufige Front entlang dem Fluß bot ein traditionelleres Bild.

Während der nachfolgenden Periode, die dem Traditionalismus Triumphe bescherte, pflegte die Presse dieses Bauwerk und ähnliche Beispiele für architektonische »Fehlleistungen« einfach zu ignorieren. Für uns enthalten sie jedoch eine wichtige Lektion, nämlich, daß ihre Schöpfer fähig waren, in gleich welchem Stil zu arbeiten, wobei es keine Rolle spielt, ob ihre Entwürfe verwirklicht wurden oder auf dem Reißbrett verblieben. Die Wahrheit ist, daß die Architektengeneration des vorrevolutionären Zeitalters in der eklektischen Tradition großgeworden und daran gewöhnt war, sich nach den Wünschen ihrer Auftraggeber zu richten – selbst wenn diese eine konstruktivistische Formgebung einschlosssen.

Aber nicht nur zwischen Modernisten und Traditionalisten herrschte Krieg. Jede nur erdenkliche Gruppe war darauf bedacht, sich selbst vehement zu verteidigen und griff alle Architekturschulen mit abweichender Gesinnung freudig an. Als sich die 20er Jahre ihrem Ende zuneigten, nahmen die Kommentare zur Architektur zunehmend ideologische Züge an. Eine neue Form der öffentlichen politischen Verunglimpfung durch heftige, teils rein ideologisch motivierte Anschuldigungen war geboren.

In den Jahren nach dem Oktober 1917 zeichnete sich bereits deutlich ab, daß die Hoffnung auf eine Weltrevolution enttäuscht werden würde. Das internationale Proletariat machte keine Anstalten, dem russischen Beispiel zu folgen und den Kapitalismus vom Erdboden zu tilgen. Es war also erforderlich, »den Sozialismus in einem Land« aufzubauen, wie es in den Parteiparolen hieß. Und ähnlich wie bei den klassischen »Idealstaaten« der Vergangenheit, mußte Rußland folglich vom dekadenten Westen abgeschottet werden. Das war zweifelsohne ein harter Schlag für die modernistische Architektur, die sich an weltweiten Leitbildern orientierte. Das neue Arbeiterparadies, dessen selbstgewählte außenpolitische Isolation sorgsam durch sichere Grenzen geschützt wurde, sollte nicht nur seine Größe, sondern auch Pracht entfalten – geschmückt mit Palmen, Springbrunnen und herrschaftlichen Sommerresidenzen, um die sich eine gut ausgebildete und gehorsame Dienerschaft kümmern würde.

Bild 14

Bild 15

Bild 16

Zwei Architekten der ASNOWA-Gruppe, Schalawina und Lamzowa, beschrieben die OSA-Konstruktivisten mit den Worten: »Die Lebenskraft, die ihren Konstruktivismus nährt, fließt nicht aus der sozialen Wirklichkeit des sowjetischen Lebens. Ihre ideologischen Wurzeln liegen im Ausland, jenseits der Grenzen unserer Gesellschaft.«[7] In diesem Zusammenhang wurde mit dem anklagenden Hinweis auf die fremden Ursprünge angedeutet, die ganze Bewegung habe einen schädlichen und gefährlichen Einfluß auf die im Aufbau begriffene sozialistische Gesellschaft.
Die ASNOWA-Gegner parierten den Hieb. Während des ersten OSA Kongresses verlas Roman Chiger ein Papier mit dem Titel »Formalismus – die Ideologie der Dekadenz in der sowjetischen Architektur.«[8] »Formalismus« hätte man hier auch durch das Wort »Rationalismus« ersetzen können.
Als die angriffslustigste aller Gruppierungen galt die WOPRA. Ihre Mitglieder waren jung und überwiegend bäuerlicher Herkunft. Sie glaubten, nur sie hätten das Recht, den künstlerischen Geschmack des Prolatariats zum Ausdruck zu bringen, und prangerten alle anderen Bewegungen als »bürgerlich« an. »Wir begrüßen es, die Kultur der Vergangenheit wiederaufleben zu lassen und sie den Methoden der marxistischen Analyse zu unterwerfen. Wir zielen nicht auf eine sklavische oder rein mechanische Nachahmung (Eklektizismus) ab, sondern wollen uns die historischen Erfahrungen, die diese Kultur uns bieten kann, bei der Entwicklung einer proletarischen Architektur kritisch zunutze machen«, hieß es in ihrem Manifest.[9] Ihre hochherzigen Überzeugungen hielten sie jedoch nicht davon ab, rein funktionale Entwürfe zu schaffen. Die Geschichte hat gezeigt, daß ihre radikale Betrachtungsweise und die Neigung, ihren Gegnern ein politisches Etikett anzuhängen, wirkungsvolle Schachzüge waren. In den 30er Jahren hatten praktisch alle Gründungsmitglieder der WOPRA wichtige Posten in den neuen Hierarchien besetzt, die eigens für den Umgang mit Architekturprojekten geschaffen worden waren.
Diese flammenden rhetorischen Auseinandersetzungen in der architektonischen Fachpresse verblaßten jedoch zur Bedeutungslosigkeit, verglichen mit den Ereignissen, die in den 20er und 30er Jahren die politische Bühne in Rußland beherrschten. Stalin – das vorrangige, wenn nicht sogar eigentliche Thema unseres Buches – ebnete sich methodisch den Weg zur absoluten Macht. Im Januar 1928 wurde Leo Trotzki, sein größter Rivale, in die abgelegene Stadt Alma-Ata verbannt; im Februar des folgenden Jahres wurde er des Landes verwiesen und fand in der Türkei Aufnahme. Andere Parteigenossen Stalins wurden gedemütigt und gezwungen, öffentlich Verbrechen zu bekennen, die sie nicht begangen hatten, bevor man sie liquidierte. Die Säuberungen beschränkten sich beileibe nicht auf die Führungselite. Ende der 20er Jahre erfolgte die erste, verhältnismäßig gemäßigte Repressionswelle nach dem blutigen Terror des Bürgerkrieges (gemäßigt insofern, als daß es mehr Überlebensmöglichkeiten gab als während der Säuberungen, die 1937 und später durchgeführt wurden).
Nachdem Trotzki ausgeschaltet war, begann Stalin, einige Vorstellungen seines einstigen Gegners umzusetzen, vor allem die Kollektivierung der Landwirtschaft. Städtische Beamte wurden in die Dörfer geschickt, um die versammelten Bauern von den Vorteilen und der Wirtschaftlichkeit des Kolchossystems zu überzeugen. Nachdem sie ihre Revolver vielsagend auf den Tisch gelegt hatten, forderten sie die Zuhörer auf, sich freiwillig für den Eintritt in die Kolchose vor Ort zu melden. Kühe, Pferde und sogar Hühner wurden in einen gemeinschaftlichen Stall zusammengetrieben. Der gesamte Viehbestand, landwirtschaftliche Ausrüstungen und Gerätschaften gingen in das Eigentum der genossenschaftlich organisierten Betriebe über. Die wohlhabendsten Angehörigen der mittelbäuerlichen Schicht (Kulaken), die unternehmerische Initiative gezeigt hatten, wurden für gewöhnlich ins Exil getrieben und ihr Hab und Gut konfisziert. Die Erlöse aus dem Verkauf des beschlagnahmten Getreides flossen gezielt in die Industrialisierung des Landes. Bekleidung, Schuhe, Uhren und Kraftfahrzeuge wurden in sehr kleinen Mengen hergestellt; sämtliche Energien sollten in die Maximierung der Produktion von Kohle und Stahl, Panzern, Flugzeugen und Lkws geleitet werden. Man begann mit dem Bau des gigantischen Hydroelektrizitätswerks am Dnjepr; die weitläufigen Kohlevorkommen im Donez- und Kusnezkbecken wurden ausgebeutet und das riesige Metallhüttenwerk in Magnitogorsk errichtet. In Moskau und Gorki schossen Autofabriken und in Stalingrad, Tscheljabinsk und Charkow die Traktorenfabriken wie Pilze aus dem Boden. Tausende begeisterter Arbeiter leisteten freiwillig ihren Beitrag, um die wirtschaftliche Entwicklung voranzutreiben; aber ebensoviele Gefängnisinsassen wurden zur Zwangsarbeit herangezogen. (Diese Fabriken trugen wesentlich dazu bei, daß der Sowjetunion im Zweiten Weltkrieg eine Niederlage erspart blieb. Zu Beginn der 40er Jahre waren die aufgebotenen Kräfte und Produktionskapazitäten der sowjetischen Industrie größer als diejenigen, die Hitler zur Verfügung standen.)
Als Stalin Ende der 20 und Anfang der 30er Jahre ungeheure Macht auf sich vereinigt hatte, schickte er sich an, den Sozialismus gemäß seinen eigenen Theorien aufzubauen. Eine der unmittelbaren Folgen seiner radikalen Politik

Bild 14
Dimizowski:
Ausbildung bei der Roten Armee, 1931

Bild 15
Sergej Gerassimow:
Ferien in Chulkoz, 1937

Bild 16
Schukmin:
Der Milizionär auf seinem Posten, 1932.
Die Gemälde 14, 15 und 16 zeigen die wundervolle neue Welt, auf die Künstler und Architekten unter der stalininistischen Herrschaft hofften. Das Leben wurde als streng diszipliniert, produktiv und fruchtbar dargestellt.

Bild 17

Bild 17
Alexander Gerassimow:
Lenin auf der Tribüne, 1930.
Dieses romantisch-verklärte Heldenporträt ist typisch für den Stil der AKhRR-Gruppe (Verband der Künstler des Revolutionären Rußland, von 1928 an »Verband der Künstler der Revolution« genannt). Sie war die Entsprechung zur WOPRA-Gruppe in der Architektur und zur RAPP-Gruppe in der Literatur. Obwohl Alexander Gerassimow nicht zu den Gründern der AKhRR zählte, machte er unter ihrer Schirmherrschaft als »Maler von Stalins Gnaden« Karriere. 1947 wurde er zum Präsidenten der Akademie der Künste ernannt. Diese Stellung bot ihm die Möglichkeit, buchstäblich im Alleingang den Beliebtheitsgrad jedes sowjetischen Künstlers bei den politischen Machthabern und somit in der Öffentlichkeit zu bestimmen.

Bild 18
Konstantin Juon:
Maitag auf dem Roten Platz, 1930

Bild 18

Bild 19

Bild 20

Bild 19
Alexander, Leonid und Viktor Wesnin: Palast der Sowjets, Moskau.
Beitrag zur zweiten Phase der Vorausscheidung für den geschlossenen Wettbewerb, 1933.
Man kann die Hartnäckigkeit nur bewundern, mit der die Gebrüder Wesnin an ihren künstlerischen Prinzipien festhielten. 1934 schrieb Alexander: »Die Architektur ist zu schnell von ihrer Parole ›verboten‹ zu ›alles erlaubt‹ übergegangen. Der Wechsel von extremer Rationalität zu extremer Irrationalität erfolgte zu jäh. Meiner Ansicht nach ist die Mehrzahl der Architekten einem Weg gefolgt, der auf uneingeschränkte, dekorative Effekte abzielt. Ich bezeichne dies als ›Schtschussismus‹, von Schtschussew abgeleitet, und halte es für ein äußerst gefährliches Phänomen, vielleicht noch gefährlicher als den übertriebenen Hang zur Nostalgie…«

Bild 20
WOPRA-Gruppe (Alabjan, Mordwinow, Simbirzew):
Palast der Sowjets, Moskau.
Beitrag zur ersten Phase der Vorentscheidung für den geschlossenen Wettbewerb, 1932.
Obwohl es schwierig gewesen wäre, anhand der frühen Werke dieser jungen Architekten vorherzusagen, daß sie einst als Bannerträger der klassizistischen Bewegung dienen würden, bietet dieser Entwurf einige Hinweise auf die künftige Entwicklung. Hier schwelgt man in technischem Fortschritt: der Hauptkomplex des Gebäudes erinnert an einen Ozeanriesen, und die Türme sehen wie Fabrikschornsteine aus. Es finden sich auch Anlehnungen an die klassische Antike; die Skulpturen sind Themen gewidmet, die die Arbeit im Dienst des sozialistischen Staates verherrlichen.

der Industrialisierung und Kollektivierung der Landwirtschaft war ein Strukturwandel in der Stadtbevölkerung. Die Nachfahren der Bauern, die seit Generationen ihr Land bestellt hatten, fluteten in die Städte, manche in der Hoffnung, Arbeit in den Fabriken zu finden, andere lediglich, um dem Hungertod zu entfliehen. Sie brachten ihre eigenen Vorlieben und Neigungen mit, die wiederum den damals vorherrschenden Kunst- und Architekturstil beeinflußten. Die ästhetische Strenge und anpruchsvollen Formvorstellungen des Konstruktivismus waren diesen Neuankömmlingen fremd, umso mehr, als sich der Formenkanon der modernen Architekturbewegung in Rußland durch die billigen Materialien und die schäbige Konstruktion der Gebäude selbst in Verruf brachte.[10] Durch den Wandel im Publikum, das nun Großtaten in der Baukunst verlangte, verstärkte sich der Druck auf die Architekten, einem einzigen Stil zum großen Durchbruch zu verhelfen. Unmittelbar nach der Revolution war das Konzept der Mammutbauten aus der Taufe gehoben worden – Bauwerke, die Eindruck machen und die neue Rolle des Proletariats als herrschender Klasse im In- und Ausland hervorheben sollten. Das Bedürfnis nach einem solchen Stil wuchs: er mußte dem Proletariat, für das er geschaffen worden war, verständlich, das heißt, imposant und gleichzeitig gefühlsmäßig zugänglich sein. Zwischen 1931 und 1933 wurde in vier aufeinanderfolgenden Runden ein Wettbewerb ausgetragen, um einen Entwurf für das erste Mammutbauwerk – den monumentalen Palast der Sowjets – auszuwählen. An ihm nahmen die Vertreter nahezu aller Stilrichtungen der damaligen Zeit teil, angefangen von jenen, die einen vollständigen Bruch mit der Tradition und eine kompromißlose Erneuerung der Architektur forderten, bis hin zu den Modernisten mit ihren phantastischen Ideen und den Anhängern einer getreuen Nachahmung der griechischen und byzantinischen Klassik.
Dieses Projekt besaß von Anfang an großes politisches Gewicht; folglich mußte der letztlich siegreiche Entwurf im schwer zu fassenden, aber eindeutig und ausschließlich als »richtig« erklärten Stil gehalten sein. Der Wettbewerb hatte also die Aufgabe, diesen Stil zu finden. Ein Leitartikel in der regelmäßig erscheinenden Zeitschrift »Arkhitektura SSR« brachte 1933 die Zielsetzung zum Ausdruck: »Die Konstruktion des Palastes der Sowjets muß der sowjetischen Architektur zum Stolz gereichen – ja sogar dem gesamten schöpferischen Entwicklungsprozeß des Sozialismus. Er sollte ein prachtvolles Monument zum Gedenken an eine große Epoche sein, eine Epoche des Kampfes für die Befreiung der Arbeiterklasse.« Die zweckgebundene Funktion des Gebäudes – es sollte das Plenum des Obersten Sowjets beherbergen – hatte sich diesem Leitprinzip unterzuordnen, das der »proletarische Dichter« Demijan Bedni folgendermaßen formulierte:
»Die Regierung verkündete den Beschluß,
Daß der Palast der Sowjets entstehen muß!
Oh Architekt, dir wird zuteil die Ehre
Zu errichten in Moskau, im Heere
Weißer Kirchen, über die das rote Banner fällt
Die größte der Tribünen, die Bühne der Welt ...«[11]
Dieser Ehrgeiz, das beeindruckendste Bauwerk der Welt zu schaffen, war seit der Zeit unmittelbar nach der Revolution immer wieder aufgeflammt. Schon 1922, beim ersten Allunionskongreß der Sowjets, hatte Sergej Kirow den Bau eines prunkvollen Hauses der Union Sozialistischer Sowjetrepubliken in der Ochotnistraße im Herzen Moskaus vorgeschlagen, nicht weit vom Bolschoi-Theater und dem Roten Platz entfernt. Zu diesem Zweck wurde 1923 ein Wettbewerb anberaumt; das zu entwerfende Gebäude sollte nun »Palast der Arbeit« heißen. Ein Jahr später, nach Lenins Tod, wurde der Name erneut geändert, dieses Mal in »Palast der Sowjets«. Kurze Zeit später entschied man, das Bauwerk dem Gedächtnis des verstorbenen Führers zu widmen. Der Standort wurde von der Ochotnistraße auf die andere Seite des Kreml verlegt, genau an die Stelle, wo damals die Erlöser-Kathedrale stand, eines der Wahrzeichen des vorrevolutionären Moskau.
Nachdem sechs Jahre lang keine weiteren Anstrengungen erfolgten, den Plan weiterzuverfolgen, rief man 1931 dann eine Reihe von Organisationen ins Leben, die eigens für dieses Projekt verantwortlich waren. Dazu gehörten die Baukommission (die »Legislative«); die Verwaltungskommission (die »Exekutive«); und die provisorische Technische Kommission (mit »beratender« Funktion), der später in eine ständige Einrichtung, die Architektur- und Technikkommission, umgewandelt wurde.[12] Im Februar kündigte man einen Wettbewerb an, der vorab stattfinden sollte, um die grundlegenden Kriterien der eigentlichen Ausscheidung festzulegen. Zwölf Aufträge wurden an die Vertreter der verschiedenen Architektur-Gruppen vergeben, einschließlich ARU, ASNOWA und WOPRA; des weiteren an MOWANO (die Moskauer Abteilung der Allrussischen Gesellschaft für Architektur und Technik), die SASS (Architekten für Sozialistisches Bauwesen) und einige Einzelpersonen: Alexej Schtschussew, Nikolaj Ladowski, Alexander Nikolski, Boris Jofan, Genrich Ludwig und Daniil Fridman. Weitere vier Entwürfe wurden von Architekten auf eigene Initiative hin eingereicht.
Die Vorschläge für einen geeigneten Standort waren ebenso vielfältig wie die Entwürfe selbst. Als annehmbar galten der Chamownicheskaja-Kai, die Ochotnistraße, die Lenin-Berge (heute Sitz der Moskauer Universität) und der Rote Platz. Es mag wie eine Ironie des Schicksals in diesen merkwürdigen Zeiten erscheinen, daß einige Architekten verlangten, die Erlöser-Kathedrale abzureißen, während manche ihrer Kollegen Entwürfe für den neuen Palast einreichten, die selbst große Ähnlichkeit mit einem Gotteshaus besaßen. Das Architektenkollektiv unter Leitung von Viktor Balichin schlug vor, eine Lenin-Statue aufzustellen, die das Gebäude noch überragte. Sie stellten sich ein monumentales Basrelief auf einem 100 Quadratmeter großen Würfel vor, während Jofan, dessen späterer Entwurf schließlich den Wettbewerb gewann, in der Vorrunde eine ziemlich nichtssagende Kuppelkonstruktion nach rein konstruktivistischem Muster abgab.
Im Juli und August fand im Historischen Museum in Moskau eine Ausstellung sämtlicher Entwürfe statt, die der Jury vorgelegt worden waren. Zwei Monate später wurden sie in die AMO-Automobilfabrik verbracht, wo sie von der Belegschaft beurteilt werden sollten. Nicht weniger als 2 500 AMO-Mitarbeiter besuchten die Ausstellung; ihre in der Werkszeitung »Amovets« veröffentlichten Kommentare zeigten, daß sie der konstruktivistischen Architektur wenig abgewinnen konnten. Sie forderten ein Bauwerk, das »schön« und »imposant« sein sollte, obwohl niemand versuchte, diese Merkmale in die Architektursprache umzusetzen. Am 13. Juli kündigte die Zeitung »Iswestija« einen weiteren, offenen Wettbewerb an. Die Entwürfe mußten bis zum 20. Oktober eingereicht sein; später wurde der Zeitrahmen auf den 1. Dezember erweitert.

Bild 21

Bild 22

Bild 23

Bild 21
Wladimir Schtschuko, Wladimir Gelfreich, unter Mitwirkung von Welikanow, Poljakow, Chrenow, Roschin und Juri Schtschuko:
Palast der Sowjets, Moskau.
Beitrag zur zweiten Phase der Vorentscheidung für den Wettbewerb, 1933.
Einer der phantasievollsten Entwürfe, die eingereicht wurden. Er verbindet Elemente des Dogenpalastes, der Basilika Palladios in Vicenza und der Trajansäule. Durch die Flugzeuge erhält der Entwurf einen leicht surrealistischen Anstrich.

Bild 22
Iwan Scholtowski:
Palast der Sowjets, Moskau.
Beitrag zur ersten Phase der Vorentscheidung für den Wettbewerb, 1932.
Dieses frühe Werk von Scholtowski nimmt viele charakteristische Merkmale des stalinistischen Stils nach dem Krieg vorweg: die krönende Spitze, die Kolonnaden und die auf den Fassaden angebrachte Dekoration. Zu dem Zeitpunkt, als dieser Stil allgemein Verbreitung fand, galt Scholtowski als Formalist.

Bild 23
Iwan Scholtowski, unter Mitwirkung von Georgi Golz:
Palast der Sowjets, Moskau.
Beitrag für die Vorentscheidung zum Wettbewerb, Seitenansicht,
1931
Diesem Entwurf wurde im Eingangswettbewerb der erste Preis zuerkannt.

Dieses Mal wurden bestimmte formale, wenn auch unscharf umrissene Bedingungen formuliert: »Es muß die Möglichkeit bestehen, dort Massenkundgebungen der Arbeiter und anderer Einwohner der Stadt abzuhalten. Der Palast muß mit allen modernen Annehmlichkeiten und Errungenschaften ausgestattet sein, um den Anforderungen von öffentlichen Festveranstaltungen, Konzerten, Filmvorführungen usw. gerecht zu werden...« Die Maßgaben für das äußere Erscheinungsbild des Bauwerks waren ähnlich vage: »Der architektonische Entwurf muß in Einklang stehen a) mit den Merkmalen der Zeit, so daß sich der Wille der Arbeiter, den Sozialismus aufzubauen, darin widerspiegelt; b) mit der spezifischen Bestimmung des Gebäudes; und c) mit seiner besonderen Bedeutung als ein Monument der Kunst und Architektur in der Hauptstadt der UdSSR« hieß es im oben zitierten Dokument weiter.

160 Entwürfe, einschließlich der zwölf zuvor in Auftrag gegebenen, waren bis Dezember bei der Jury eingegangen. Dazu kamen noch 112 »Vorschläge von Werktätigen«, die weder über eine einschlägige Ausbildung noch Talent als Zeichner verfügten, aber ihre Vorstellungen zum Ausdruck bringen wollten. Und neben den sowjetischen Beiträgen gingen auch noch einige von namhaften ausländischen Architekten ein. Der Wettbewerb brachte wenig Überraschungen: die meisten Teilnehmer suchten ihr jeweiliges künstlerisches Credo zu verfechten. Die Entwürfe der Konstruktivisten und Rationalisten, insbesondere von Moisei Ginzburg und Nikolai Ladowski, waren Kuppeldachbauten und Experimente mit den ästhetischen Merkmalen von Glas und Beton. Die ARU-Gruppe reichte eine traditionsgebundene Komposition ein, die aus Glasprismen bestand.

Die WOPRA-Mitglieder fühlten sich offenbar zum Expressionismus hingezogen, der sich ansatzweise in den Entwürfen von Karo Alabjan und Wassili Simbirzew, vor allem aber in Alexander Wlassows bemerkenswertem Vorschlag offenbart, ein riesiges Gebäude in Form einer Tribüne zu bauen. Erich Mendelsohns Beitrag war im Gegensatz dazu eine Kuppeldachkomposition, die Ruhe ausstrahlte. Zu den ausländischen Teilnehmern gehörte auch Le Corbusier: er hatte zwei keilförmige Haupthallen ins Auge gefaßt, umgürtet von gewaltigen, waagerecht verlaufenden Balken, über denen sich ein riesiges parabolförmiges Gewölbe erhob. Walter Gropius legte Zeichnungen von verschiedenen funktionalen Gebäuden vor, die in einem geschlossenen Kreis angeordnet waren. Auch die Amerikaner Kastner und Stonorow, der Architekt Pelzig aus Deutschland, Auguste Perret aus Frankreich oder Brazzini, der zu Jofans Lehrern gehört hatte, als dieser sich in Italien aufhielt, schickten Beiträge ein, die sich sehen lassen konnten.

Keine einzige Architekturbewegung befand sich zum Zeitpunkt, als die Jury ihre Entscheidung treffen mußte, im Aufwind; aber die Baukommission bevorzugte einhellig die klassische Schule. Schtschussew, Vorsitzender des technischen Unterausschusses – einer aus Fachleuten zusammengesetzten Jury, die das Material für die offizielle Bewertung vorbereitete – schrieb: »In diesem Kontext ist es der Klassizismus, der dem ideologischen Gehalt des Bauwerks in der meisterhaftesten und schönsten Weise Ausdruck verleiht und die Anforderungen an Inhalt und Form am besten erfüllt ... Wir sind überzeugt, daß kein einziger Architekt von der Meinung abweichen würde, daß der Palast der Sowjets die vollkommensten und folglich klassische Formen verdient.«[13]

Scholtowski pflichtete ihm bei: »Der Entwurf sollte das außerordentlich reiche Erbe der Antike einbeziehen. Wir müssen uns an diesem historischen Stil orientieren und von hier aus schrittweise zu zeitgemäßeren Ideen vordringen.« Der zum Eklektizismus neigende Schtschussew stimmte jedoch nicht mit Scholtowski, dem palladianischen Romantiker, in der Definition des Begriffs »Klassizismus« überein. Und die Modernisten widersprachen beiden ganz offen, was 1931 noch ohne Gefahr für die persönliche Sicherheit möglich war. Viktor Wesnin, in den 20er Jahren federführend unter den Konstruktivisten, erklärte: »Der Palast der Sowjets sollte unserem ruhmvollen Zeitalter ein Denkmal setzen, das nur in der Architektursprache dieser Epoche Ausdruck finden kann. Klassische Formen, so vollkommen sie auch sein mögen, sind in der Sprache der Vergangenheit geschrieben und können die Gegenwart nicht zum Ausdruck bringen.« Er fand Unterstützung bei Nikolaj Miliutin, einem Volkskommissar, der kurze Zeit vorher an der Entwicklung des linearen Planungskonzepts – weder städtisch noch ländlich geprägt – mitgearbeitet hatte. »Natürlich müssen wir von den Leistungen der klassischen Architektur lernen und uns diese zunutze machen. Aber sie als Orientierungshilfe und wichtigste Quelle der Inspiration bei der Gestaltung von Hydroelektrizitätswerken, Kulturpalästen, gigantischen Metallwerken, Gemeinschaftswohnungen, staatlichen landwirtschaftlichen Großbetrieben oder Kinderkrippen zu betrachten, wäre ähnlich, als würde man die Rote Armee mit Waffen aus dem alten Griechenland ausrüsten.«[14]

Trotz aller beredten Einwände wurde nur einer der drei Hauptpreise an einen Entwurf vergeben, der die Billigung von Kritikern aus dem Lager der Modernisten fand. Es handelte sich um eine elegante, symmetrische Konstruktion mit einer schlichten Fassade, in regelmäßigen Abständen von Pylons unterbrochen; sie stammte von dem Außenseiter Hector Hamilton und trug den Titel »Schlichtheit gebietet«. Die Entwürfe der Sieger Scholtowski und Jofan wiesen viele Gemeinsamkeiten auf. Beide hatten die große Halle zylindrisch gestaltet und eine kleinere Halle und einen hohen Turm vorgesehen, die durch umlaufende Galerien und Kolonnaden in einen einzigen Komplex eingefügt wurden. Die stilistischen Unterschiede waren jedoch beträchtlich: Scholtowskis Entwurf zeigte wie im Lehrbuch seine künstlerische Nähe zur antiken und klassischen Architektur; seine Halle war eine genaue Nachbildung des Kolosseums. Der jüngere Rivale hatte hingegen einen Kompromiß zwischen Konstruktivismus und einem Stil gefunden, der an Art deco erinnerte.

Die Baukommission, die sich überwiegend aus Stalins engsten Mitarbeitern – unter ihnen Molotow, Woroschilow, Kaganowitsch und Enukidse – zusammensetzte, zogen ihr Resümee aus diesem Wettbewerb und stellten folgende Forderungen für die nächste Runde: »Die Anforderung, im monumentalen Charakter, in der Schlichtheit, Integrität und Feinabstimmung des Architekturentwurfs den großartigen Prozeß des Aufbaus unserer sozialistischen Gesellschaft widerzuspiegeln, wurde von keinem der eingereichten Beiträge zur vollen Zufriedenheit erfüllt ... Der Palast des Obersten Sowjets soll ein einziger, monolithischer Komplex sein. Es wird nicht gestattet, die Haupthallen zu einer Halle zusammenzufassen... Es ist nicht erforderlich, daß die Haupthallen für Massenaufmärsche zugänglich sind ... Der Palast muß auf einer Fläche errichtet werden, die nach allen Seiten offen ist. Ihn mit Kolonnaden oder anderen Bauten zu umgeben, die den Eindruck der Offenheit zerstören, ist unzulässig ... Der Hang zu niedrigen, kompakten Gebäuden, der sich in vielen

Bild 24

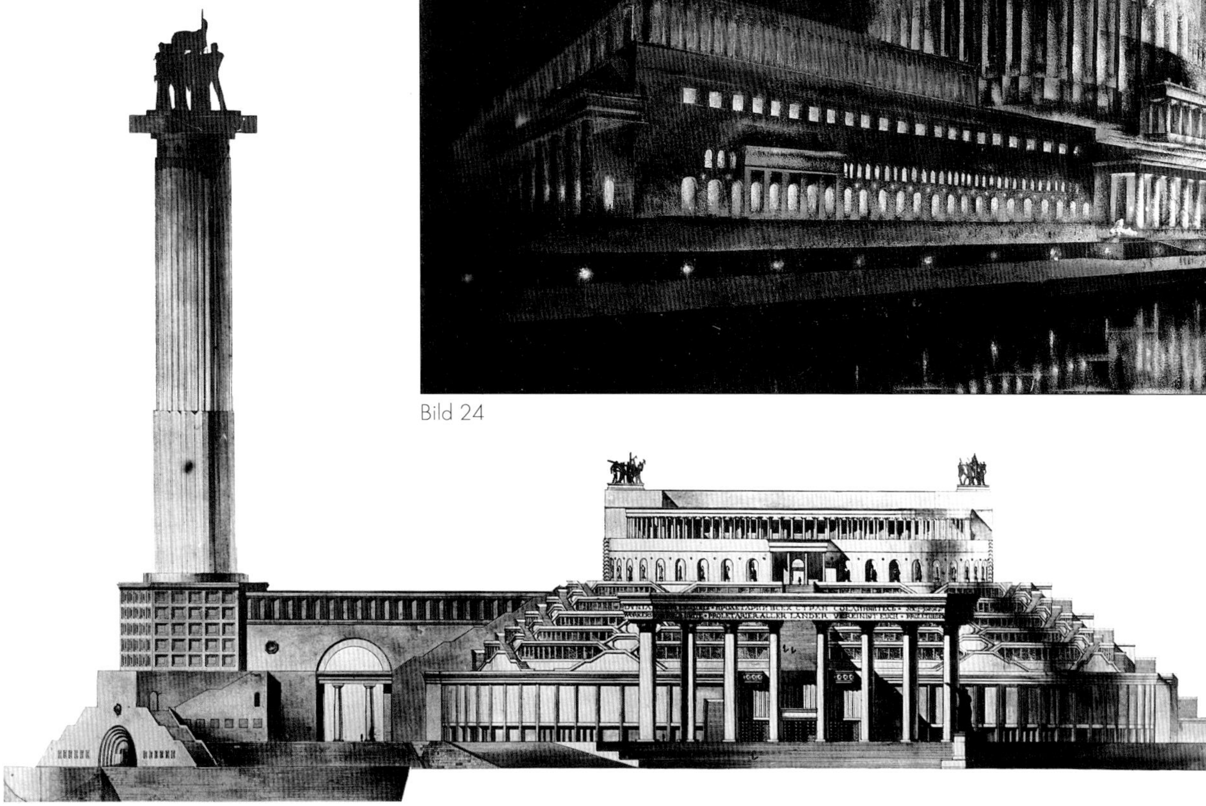

Bild 25

Bild 26

Bild 27

Bild 24
A. Schuchow, D. Tschetschulin, A. Kurowski:
Palast der Sowjets, Moskau.
Beitrag zur ersten Phase der Vorentscheidung zum Wettbewerb, 1932.
Perspektivische Zeichnung, Nachtansicht

Bild 25
WASI-Gruppe (Hochschule für Architektur und Baukunst), unter Leitung von Alexander Wlassow:
Palast der Sowjets, Moskau.
Beitrag zur ersten Phase der Vorentscheidung zum Wettbewerb, 1932.
Ein ehrgeiziger Entwurf, mehr als akademische Übung denn als ernsthafter Wettbewerbsbeitrag gedacht.

Bild 26
Wladimir Schtschuko, Wladimir Gelfreich, unter Mitwirkung von Poljakow und Chrijakow:
Palast der Sowjets, Moskau.
Beitrag zur ersten Phase der Vorentscheidung für den Wettbewerb, 1932

Bild 27
Karo Alabjan, Alexej Duschkin, Jakow Dodiza, Arkadi Mordwinow, Wassili Simbirzew:
Palast der Sowjets, Moskau.
Beitrag zur ersten Phase der Vorentscheidung für den Wettbewerb, 1933.
Die WOPRA-Mitglieder, die sich durch ungebändigte Phantasie auszeichneten, kombinierten und vertauschten verschiedene Stilrichtungen und -epochen miteinander. Hier steht das »Kolosseum« auf einem konstruktivistischen Sockel, auf dessen Frontseite sich zwei ägyptische Pylons befinden. Das Bauwerk wird gekrönt von einer luftigen Konstruktion, die einer Gartenlaube ähnelt.

Entwürfen zeigt, sollte gemieden werden; statt dessen gilt es, kühne, aufstrebende Konstruktionen zu verwenden, gekrönt von Strukturen, die jedoch keinesfalls an sakrale Motive erinnern dürfen.
Ohne einem bestimmten Stil den Vorzug geben zu wollen, ist die Kommission zu der Ansicht gelangt, daß die Lösung dieser Probleme im Gebrauch sowohl moderner Formen als auch der bedeutsamsten Traditionen der klassischen Baukunst liegt, gestützt von den neuesten Errungenschaften der zeitgenössischen Architektur- und Bautechnik.«[15]
Diese Verlautbarung der Kommission kündigte die nächste, geschlossene Runde des Wettbewerbs an, die zwischen März und Juni 1932 stattfand. Zwölf Gruppen wurden mit der Zeichnung von Entwürfen beauftragt. Wie zuvor, reichten auch dieses Mal wieder einige Architekten ihre Beiträge unaufgefordert ein (einschließlich Hector Hamilton, der offensichtlich nicht verstand, warum man ihn nicht zur Teilnahme aufgefordert hatte. Sein Entwurf trug den beredten und möglicherweise ironisch gemeinten Titel »Schlichtheit ist beharrlich«). Aber die Zeiten hatten sich geändert; das Ende einer Epoche, die von strenger Disziplin gekennzeichnet war, dämmerte herauf.
Auch aus ästhetischer Sicht unterschied sich dieser Wettbewerb von seinem Vorläufer. Die Architekten, die einen vollständigen Bruch mit der Tradition vollzogen hatten, waren in der Minderheit; die meisten Entwürfe zielten auf einen Kompromiß ab zwischen dem Erbe der Vergangenheit und dem Versuch, die dynamische Entwicklung der Gegenwart zum Ausdruck zu bringen. Eine WOPRA-Gruppe (bestehend aus Karo Alabjan, Gewerg Kochar, Arkadi Mordwinow und Wassili Simbirzew) entwarf ein schiffsähnliches Bauwerk mit drei Türmen, das sich in Proportionen und Ornamentierung jedoch stark an den Klassizismus anlehnte.[16] Schtschussew bot eine vergleichbare Lösung an: eine weitläufige Struktur, die – bis auf einen Turm in der Mitte – einem Sportstadion oder Hippodrom nach klassischem Muster ähnelte. Auch kreisförmige Kompositionen erfreuten sich in dieser Phase des Wettbewerbs großer Beliebtheit (z.B. bei den Architektengruppen, denen Golossow, Wlassow, Schtoschuko und Gelfreich vorstanden). Jofans Beitrag war ein zweistöckiger Rundbau mit einem Portikus und einem Amphitheater, das an einen Podiumsockel angrenzte. Eine ähnliche Komposition, wenn auch in rein konstruktivistischem Stil, reichte eine andere WOPRA-Gruppe ein, die unter der Leitung von Jakow Dodiza und Alexej Duschkin stand.
Die vierte und letzte Runde des Wettbewerbs begann im August 1932. Dieses Mal forderte die Kommission nur fünf Architekten auf, ihre Entwürfe bis Februar 1933 einzureichen. Diese Beiträge waren sehr unterschiedlich. Die Brüder Wesnin hielten eisern an ihrer konstruktivistischen Überzeugung fest, obwohl sie zu diesem Zeitpunkt bereits dem Untergang geweiht war. Scholtowski, der in der vorherigen Runde ein Gebäude im Neorenaissance-Stil in Form eines Parallelflachs mit einem gestaffelten, spitz zulaufenden Turm eingereicht hatte, entwickelte in Zusammenarbeit mit Schtschussew das gleiche Thema. Obwohl die beiden Vertreter der alten akademischen Schule den Wettbewerb nicht gewannen, kam der von ihnen gewählte Stil demjenigen sehr nahe, der zwischen dem Ende der 30er und dem Anfang der 50er Jahre zur Norm werden sollte. Schtschukos und Gelfreichs Entwurf wies ebenfalls die Parallelflachform auf. Die Ausschmückung stellte jedoch eine merkwürdige Mischung aus exotisch anmutenden, venezianischen Motiven dar, die

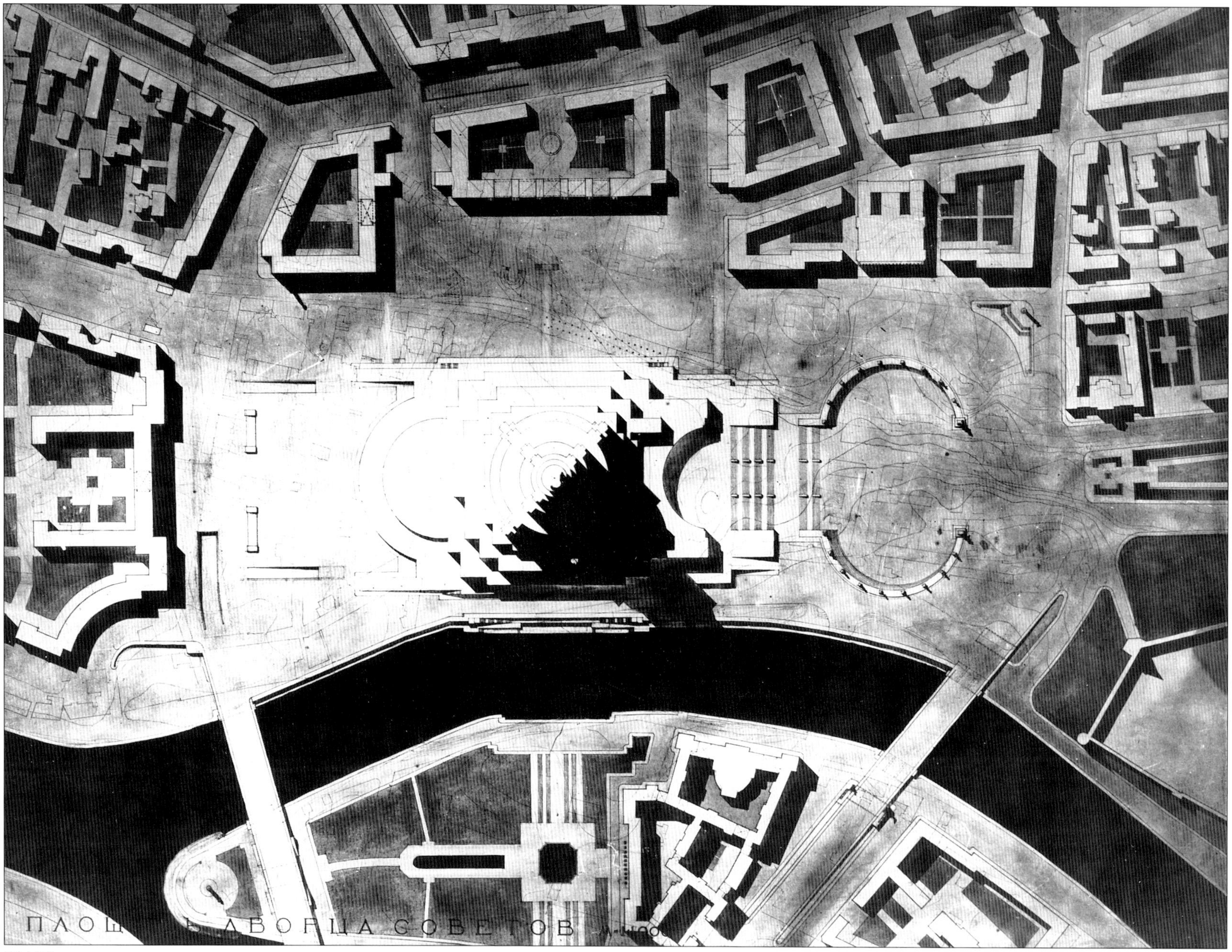

Bild 28

Bild 28
Boris Jofan, Wladimir Schtschuko,
Wladimir Gelfreich:
Palast der Sowjets, Moskau.
Luftansicht des ausgewählten Entwurfs
1937

Bild 29

Bild 29
Boris Jofan, Wladimir Schtschuko,
Wladimir Gelfreich:
Palast der Sowjets, Moskau.
Variante des ausgewählten Entwurfs,
1943–45

Bild 30

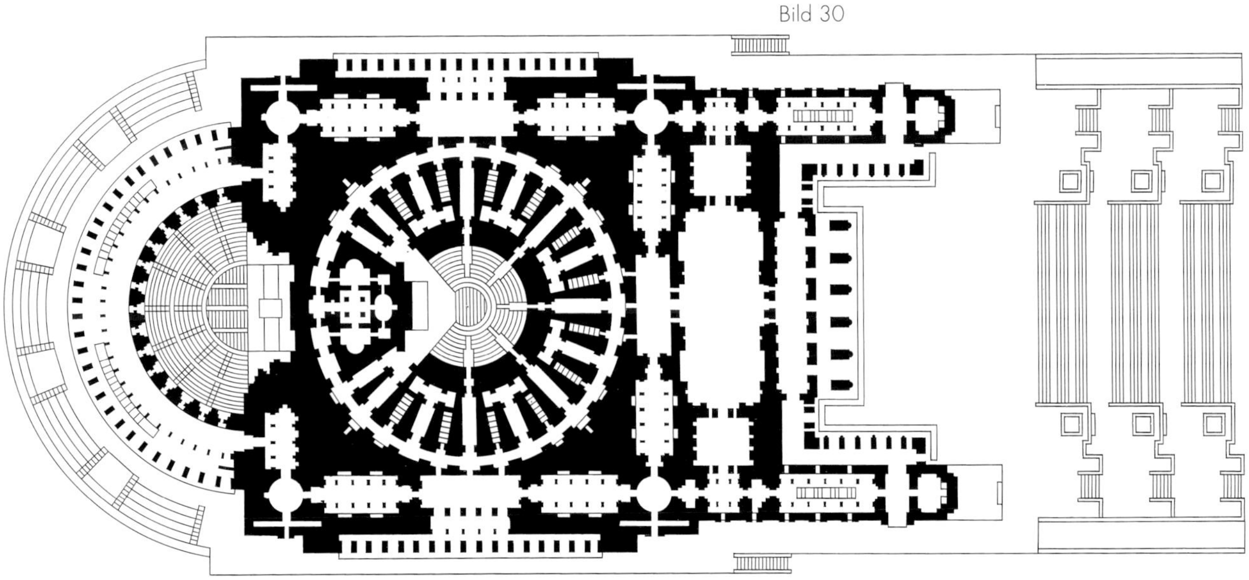

Bild 31

Jofans Memoiren zufolge suchte Stalin den Standort für den Palast der Sowjets höchstpersönlich aus: »1931 nahm Stalin – gemeinsam mit der Baukommission für den Palast der Sowjets, die unter dem Vorsitz des Genossen Molotow stand – die vorgeschlagene Örtlichkeit in Augenschein, nämlich das Gelände der Erlöser-Kirche. Eine große Gruppe Moskauer Architekten nahm ebenfalls an der Besichtigung teil. Die Wahl des Standorts wurde noch am selben Tag bestätigt. Ich glaube, Genosse Stalin war von der ausgezeichneten Lage im Zentrum der Stadt, nahe der Moskwa und dem Kreml, beeindruckt. Genosse Stalin prüfte das Baugelände sorgfältig und hörte den Ansichten der versammelten Architekten aufmerksam zu…«

Bild 30
Boris Jofan, Wladimir Schtschuko, Wladimir Gelfreich:
Palast der Sowjets, Moskau.
Längsschnitt des ausgewählten Entwurfs, 1937

Bild 31
Boris Jofan, Wladimir Schtschuko, Wladimir Gelfreich:
Palast der Sowjets, Moskau.
Grundriß des ausgewählten Entwurfs, 1937

offenbar von den Ornamenten des Dogenpalastes und der von Palladio erbauten Basilika in Vicenza abgeleitet waren. Die älteren Mitglieder der WOPRA-Gruppe schlossen sich zu einem Team zusammen, das aus Alabjan, Dodiza, Duschkin, Mordwinow und Simbirzew bestand. Sie reichten beharrlich eine weitere Version des Kolosseum-Themas ein, mit einem kleinen gestaffelten Turm, der sich über dem Eingang erhob, flankiert von zwei dreieckigen Pylons, wie man sie bei alten ägyptischen Tempeln findet.
Jofan und sein Kollektiv trugen den Sieg davon.[17] Ihr Entwurf war eine Weiterentwicklung der Musterzeichnung, die Jofan in der ersten, geschlossenen Runde eingereicht hatte. Ein dreigeschossiger, rechtwinkliger Podiumsockel wurde von vier runden Türmen gekrönt, die übereinander standen. Die Figur eines Arbeiters, der einen beleuchteten roten Stern in der Hand hielt, befand sich auf der Spitze des obersten Turms, in einer Höhe von 250 Metern. Zwei Galerien umschlossen eindrucksvolle Treppenaufgänge, die im Winkel zur Stadtmitte angeordnet waren. Anatoli Lunatscharski merkte an: »Das Konzept ist sehr schlicht … so wir wir uns den Turm zu Babel vorstellen … ein stufenförmiger Turm auf mehreren Ebenen … Das Ergebnis ist ein prunkvolles, aber leicht wirkendes, himmelwärts strebendes Gebäude.«[18]
Selbst diese Form, die einen so langen und schmerzhaften Reifungsprozeß erfahren hatte, war nicht die endgültig akzeptierte Version. 1933 hatten die Politiker eine führende Rolle in der Architektur, wie auch in jedem anderen Lebensbereich, übernommen. Infolgedessen wurde eine letzte Forderung auf die ohnehin schon lange Liste gesetzt: »Der obere Teil des Palastes soll von einer mächtigen Lenin-Skulptur gekrönt sein, so daß der gesamte Palast ein Podest für diese Figur darstellt.«[19] Jofan hatte kaum die ersten Skizzen beendet, die diese neue Anforderung berücksichtigten, als man ihm die Zusammenarbeit mit Schtschuko und Gelfreich gebot, den beiden Veteranen im Kampf um den Bau des Palastes. Zunächst waren die Beziehungen zwischen den neuen Kollegen feindselig, und einige Zeit arbeiteten sie tatsächlich getrennt. Am Ende jedoch, nachdem mehrere Vorentwürfe im Papierkorb gelandet waren, einigten sie sich auf eine endgültige Fassung.[20] Der Hauptabschnitt des Palastes ähnelte nun einem voll ausgefahrenen Teleskop, mit einer hundert Meter hohen Lenin-Figur an der Spitze, wodurch sich die Gesamthöhe des Bauwerks nun auf 415 Meter belief. Diese Version wurde im Februar 1934 offiziell abgesegnet.
Die Erlöser-Kathedrale, die den vorgeschlagenen Standort blockierte, wurde gesprengt. Schließlich begannen die Ausschachtungsarbeiten; weitläufige Dränagen wurden angelegt, um das Fundament für ein Bauwerk errichten zu können, das den Stil einer ganzen Epoche festgelegt hatte, aber nie gebaut werden sollte.
Im selben Monat, als der Wettbewerb endete, unternahmen die Modernisten einen letzten verzweifelten Versuch, ihre künstlerischen Prinzipien durchzusetzen: Sie nahmen am Wettbewerb für den Bau der NKTP-Zentrale (Volkskommissariat für Schwerindustrie) teil. Auf dem geplanten Standort am Roten Platz befand sich damals (wie heute noch) das Kaufhaus GUM. Für die Modernisten war dies ein willkommener Anlaß, für seinen Abriß zu plädieren: »Der Abriß dieses minderwertigen Produkts, das von einem Stillstand in der Architektur zeugt, und die Errichtung eines mächtigen neuen Gebäudes an seiner Stelle – Hauptsitz der sozialistischen Industrie – kann die architektonische

Bild 32

Bild 32
Konstantin Melnikow, unter Mitwirkung von W. Lebedew, Nikolaj Trankwilitzki und Nikolaj Chyrakow:
NKTP (Volkskommissariat für Schwerindustrie), Moskau.
Beitrag zur ersten Phase des Wettbewerbs, 1934.
Melnikows Interpretation des antiken Erbes wurde als Beleidigung der geheiligten Prinzipien des Klassizismus aufgefaßt. Seine Zeitgenossen spotteten über seinen »barbarischen« Entwurf.

Bild 33
Iwan Leonidow:
NKTP (Volkskommissariat für Schwerindustrie), Moskau.
Beitrag zur ersten Phase des Wettbewerbs, 1934.
Leonidow brachte einen verschleierten Protest gegen die Aufmerksamkeit zum Ausdruck, die man dem Palast der Sowjets widmete: »Ich bin der Überzeugung, daß sich die Architektur des Kreml und der Basilius-Kathedrale dem NKTP unterordnen und das NKTP einen Standort in der Mitte der Stadt erhalten sollte.«

Bild 34
Alexander und Viktor Wesnin, in Zusammenarbeit mit Moisei Ginzburg:
NKTP (Volkskommissariat für Schwerindustrie), Moskau.
Beitrag zur ersten Phase des Wettbewerbs, 1934.
Dieser Entwurf wurde der bekannteste des Wettbewerbs. Die Komposition lehnt sich bis zur direkten Übernahme vieler typischer Konstruktionsmerkmale an amerikanische Hotels an, die gegen Ende der 20er Jahre erbaut wurden. Die Türme haben eine Höhe von bis zu 160 Metern. Die vorgeschlagenen Materialien, zum Beispiel Marmor, sind atypisch für den Konstruktivismus.

»Falls sich der Futurismus zur chaotischen Dynamik der Revolution hingezogen fühlte ... dann drückte der Neoklassizismus das Bedürfnis nach Frieden, nach bleibenden Formen aus...«

Leo Trotzki, *Literatur und Revolution, New York, 1925*

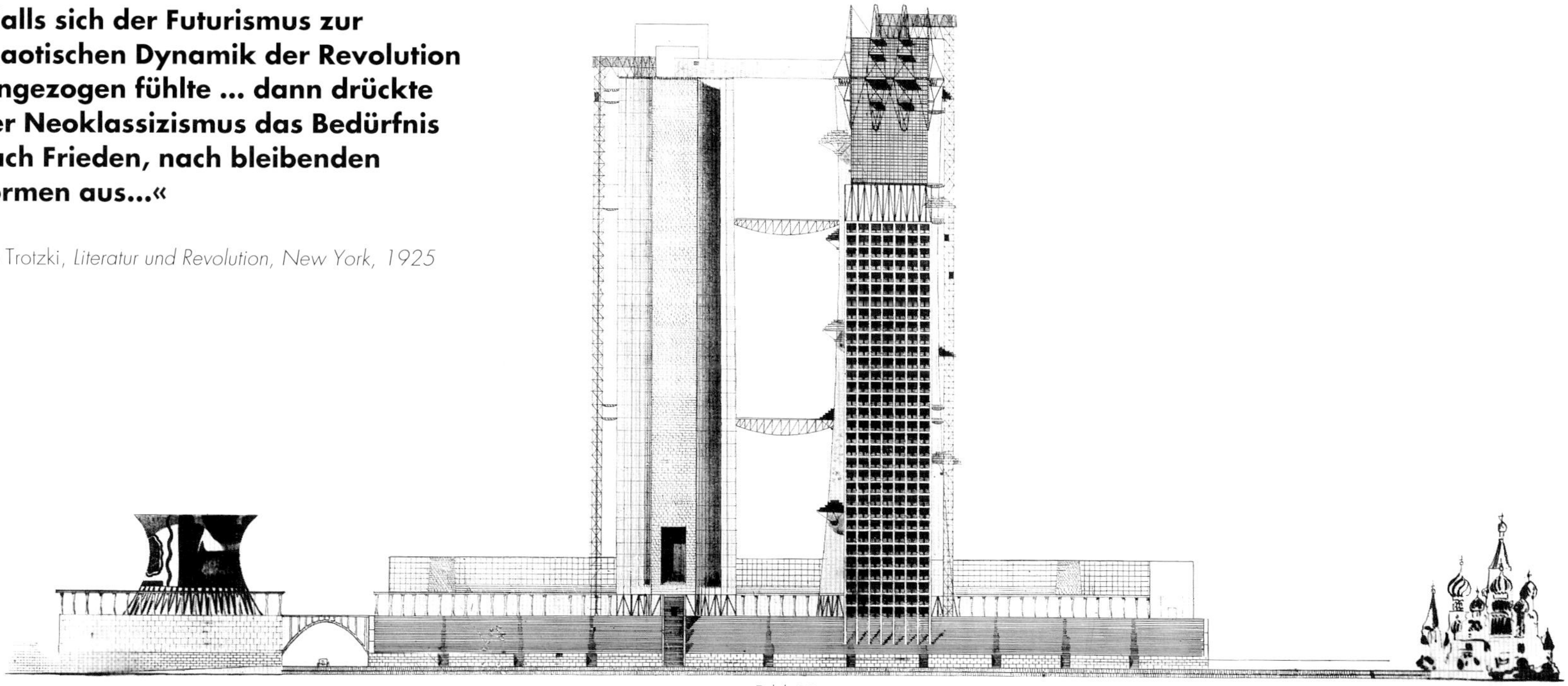

Bild 33

Bild 34

Bild 35

Bild 36

Bild 35
Iwan Fomin, Pawel Abrossimow und Michail Minkus:
NKTP (Volkskommissariat für Schwerindustrie), Moskau.
Beitrag zur ersten Phase des Wettbewerbs, 1934.
Ein Entwurf, der vor allem auf Zweckmäßigkeit angelegt ist und in jeder Hinsicht dem Stil der 30er Jahre entspricht. Auffallend sind die quadratischen Fenster, die in quadratische Paneele eingelassen wurden, und die schlanken Säulen ohne Postament, Kapitell oder Entasis.

Bild 36
Wladimir Schtschuko, Wladimir Minkus, A. Welikanow:
NKTP (Volkskommissariat für Schwerindustrie), Moskau.
Wettbewerbsbeitrag, 1936

Bedeutung des Roten Platzes und seinen Stellenwert im neuen Moskau, das nun aus der alten Stadt erwächst, nur erhöhen.«[21]
Die Jury und die Teilnehmer repräsentierten jeden nur erdenklichen »ismus« der 20er Jahre. Selbst El Lissitzky, Schöpfer zahlreicher berühmter Bauwerke aus der Periode unmittelbar nach der Revolution (der seit einigen Jahren jedem Wettbewerb aus dem Weg gegangen war), beteiligte sich mit einem kritischen Artikel an der Debatte. Er wies auf ein Merkmal hin, das allen »traditionellen« Entwürfen zu eigen war: »Um den Nicht-Spezialisten gerecht zu werden, haben die Teilnehmer ›Künstlerdrucke‹, so groß und augenfällig wie Fresken, und Zelluloidmodelle vorbereitet, die auf wundervoll geformten Sockeln stehen. Sie sehen prächtig aus, erwecken aber einen ganz falschen Eindruck, da die riesigen Gebäude hier auf einer Grundfläche von unbegrenzter Größe stehen. Der Sichtwinkel ist völlig irreführend. Wenn sie aber gebaut werden sollten, würden diese Kolosse den Roten Platz genauso überfüllt wirken lassen wie die Ochotnistraße.«[22]
Die Gebrüder Wesnin und Moisei Ginzburg lieferten ähnliche Beiträge. Der Stil ihrer Kompositionen – vier senkrecht aufstrebende Türme auf einem einzigen Podestsockel, an den Fußgängerbrücken angrenzten – war schamlos von den amerikanischen Hotels der späten 20er Jahre »abgekupfert«, die Ausführung jedoch konstruktivistisch, wenn man von den teuren Marmorverblendungen absah. Das 160 Meter hohe Gebäude der Wesnin-Brüder sollte einen Klub, eine Bibliothek, einen Kindergarten, ein Ärztezentrum, ein Hotel und die Büros des Volksommissariats für Schwerindustrie beherbergen. Ginzburg vervollständigte die Liste noch um einige Dienstleistungsbetriebe, die in der damaligen Zeit als »forschrittlich« galten: ein Fernsprechamt und eine Radio-Relaisstation. Dazu kamen noch mehrere Hallen für das Historische Museum, da der Hauptsitz am Roten Platz damals vom Abriß bedroht war.
Arkadi Mordwinow, ein Gründungsmitlied der WOPRA-Gruppe und bekannt für seine im stalinistischen Stil gehaltenen Wohnblocks an der Gorkistraße, reichte erstaunlicherweise eine kreisförmige Komposition in funktionalistischer Ausführung ein, gekrönt von einer turmähnlichen Struktur aus Standarten und Flaggenmasten. Dieser Entwurf war der ideologisch unerbittlichste und merkwürdigste von allen, der möglicherweise aber auch am unverblümtesten die damalige Epoche der Diktatur widerspiegelte.
Besonders exotisch muteten die Entwürfe von Iwan Leonidow und Konstantin Melnikow an. Leonidow war der einzige Teilnehmer, der nicht so sehr den Kontrast zwischen der NKTP-Zentrale einerseits und Kreml und Basilius-Kathedrale andrerseits betonte, sondern sich vielmehr bemühte, alle drei Elemente harmonisch in eine Komposition einzufügen. Drei hohe Türme – einer aus Glasziegeln bestehend – sollten die vielfarbigen Kuppeln der Basilius-Kathedrale und die Zeltdachtürme des Kreml nachahmen. Melnikows Komposition schien einem Märchen entsprungen zu sein. Der Grundriß ähnelte zwei großen »W«, die an der Basis zusammengefügt waren; der dabei entstehende Rhombus in der Mitte bildete eine Vertiefung, aus der sich ein sechzehn Stockwerke hohes Amphitheater erhob. Die Außenarme der beiden »W« dienten als Treppenaufgänge von kolossalem Ausmaß, zu denen man gelangte, indem man durch riesige, gemeißelte »Wappenbilder« schritt, zur damaligen Zeit ein Symbol der Industrialisierung. Obwohl dieser Entwurf auch Elemente im klassischen Stil besaß (z. B. dekorative Gurtgesimse mit Pilastern und

Bild 37

Bild 38

Bild 39

Bild 37
Iwan Fomin, Pawel Abrossimow, Michail Minkus:
NKTP (Volkskommissariat für Schwerindustrie), Moskau.
Wettbewerbsbeitrag, 1935

Bild 38
unbekannt:
NKTP (Volkskommissariat für Schwerindustrie), Moskau.
Wettbewerbsbeitrag, 1935

Bild 39
Boris Jofan, A. Taranski:
NKTP (Volkskommissariat für Schwerindustrie), Moskau.
Wettbewerbsbeitrag, 1936

Kolonnaden und Gebälkträger), wurde er als zu phantastisch angesehen, um ernstgenommen zu werden. Der Wettbewerb wurde bis 1936 verlängert und der geplante Standort näher an die Moskwa, in den Sarjadje-Bezirk (ehem. Hafenviertel), verlegt. Dieser neue Baugrund war bis 1947 noch nicht vorbereitet worden, als man hier das Fundament für einen Wolkenkratzer legte, der nie fertiggestellt wurde. 1968 errichtete der Architekt Dmitri Tschetschulin darauf das wenig begeisternde Hotel Rossija. Nicht einer der Entwürfe, die infolge der beiden großen Wettbewerbe entstanden, wurde jemals verwirklicht. Das NKTP-Projekt teilte das Schicksal des Palasts der Sowjets und verschwand in der Versenkung – die Zeit war einfach noch nicht reif für Mammutbauten dieser Größenordnung.

Im Zusammenhang mit der Entwicklung im vorherigen Jahrzehnt betrachtet, läßt sich das Ausmaß von Scholtowskis Triumph im Jahre 1934 leichter ermessen. Das Gerüst wurde von seinem Wohnblock auf dem Mochowaja-Prospekt entfernt, gerade rechtzeitig für die Maiparade. Danach verlor die konstruktivistische Bewegung rasch an Boden. Viktor Wesnin, einer ihrer glühendsten Verfechter, wurde von den Journalisten verhöhnt; sie erklärten, Scholtowskis Gebäude sei der Glanzpunkt der Ausstellung von 1934 und der letzte Nagel im Sarg des Konstruktivismus. »Nun, man wird den Nagel wieder herausziehen müssen«, parierte dieser den Schlag, aber sein Aufruf fand bei seinen Kollegen keine Unterstützung.[23]

Die Gegner des Funktionalismus in der Architektur feierten ihren Sieg. Die Verwendung klassischer Bautechniken und Details fand den Beifall der Öffentlichkeit und bestätigte die offizielle Billigung dieses Architekturstils, die 1933 erfolgte, als die Ergebnisse des Wettbewerbs für den Palast der Sowjets vorlagen. Die hartnäckigsten Vertreter des Modernismus versuchten noch immer, ihre Position zu halten, indem sie in der Fachpresse Artikel veröffentlichten und verschiedene Kompromißlösungen anboten. Derartige Auseinandersetzungen endeten jedoch 1935, als der stalinistische Generalplan für Moskau veröffentlicht wurde. Entweder hatten die Herausgeber der Zeitschriften die Artikel zensiert, oder kein Architekt wagte mehr, sich offen gegen den offiziellen und folglich zwingend vorgeschriebenen neuen Kurs auszusprechen.

Iwan Fomin bemühte sich, den Sucharew-Turm zu retten. Sein Architektenkollektiv entwarf verschiedene Alternativen zum offiziellen Rekonstruktionsplan, die ausnahmslos den Turm einbezogen. Zwei Stunden lang fuhr er Kaganowitsch auf dem Roten Platz herum und versuchte ihn zu überreden, das Monument zu erhalten. Kaganowitsch lehnte rundheraus ab, und an diesem Abend erinnerte Fomin seine Freunde an die Worte von Anatole France: »Wenn ein Mann spürt, daß er nicht länger gebraucht wird, dann bleibt ihm nur noch der Tod«. Und Fomin fügte hinzu: »Heute habe ich erkannt, daß sie mich nicht brauchen.« Ein anderes dramatisches Geschehnis in der Planungsphase des Roten Platzes hatte einen erfreulicheren Ausgang für Moskau. Das Modell der Basilius-Kathedrale wurde bewußt so konstruiert, daß es sich vom Rest des Modells trennen ließ. Während der Diskussion entfernte es Kaganowitsch mit sorgfältig geplanter Unbekümmertheit. Seine Taktik war erfolglos. »Lassen Sie es, wo es ist!« knurrte Stalin.

Bild 40, 41
Alexej Mordwinow und andere:
NKTP (Volkskommissariat für Schwerindustrie), Moskau.
Wettbewerbsbeitrag, 1936.
Das gesamte Volumen dieses gigantischen Gebäudes sollte 1.600 000 Kubikmeter betragen. Es sollte zwanzig Stockwerke hoch und mit einer Fassadenverblendung aus Natur- und Kunststein und rostfreiem Stahl ausgestattet werden. Abb. 41 zeigt eine von den Architekten angefertigte Collage der vollendeten Struktur, die über der Maiparade auf dem Roten Platz aufragt.

Bild 40

Bild 41

Bild 42

Bild 43

Bild 44

Bild 42
Studenten der WASI (Hochschule für Architektur und Baukunst) unter Leitung von Viktor Korschunow:
NKTP (Volkskommissariat für Schwerindustrie), Moskau.
Beitrag zur ersten Phase des Wettbewerbs, 1934.
Der Stil lehnt sich an die amerikanische Architektur an. Dieser Entwurf zählt jedoch zu den Beiträgen, in denen ein stärkerer Kontrast zu den umliegenden historischen Bauwerken vorgesehen war. In einem Begleitschreiben heißt es: »Jene Gebäude, die sich nicht in die Gesamtkomposition einfügen, werden an neue Standorte verlegt. Die Basilius-Kathedrale würde beispielsweise durch einen neuen Rundbau ersetzt werden, der am Anfang des Roten Platzes gelegen sein sollte.«

Bild 45

Bild 43
M. Gunger:
NKTP (Volkskommissariat für Schwerindustrie), Moskau.
Beitrag zur ersten Phase des Wettbewerbs, 1934

Bild 44
Viktor Fridman:
NKTP (Volkskommissariat für Schwerindustrie), Moskau.
Beitrag zur ersten Phase des Wettbewerbs, 1934.
Ein Beispiel für das Thema »industrieller Fortschritt«. Die Säulen sind in Form gezahnter Schäfte gestaltet.

Bild 45
Daniil Fridman und andere:
NKTP (Volkskommissariat für Schwerindustrie), Moskau.
Wettbewerbsbeitrag, 1935.
Daniil Friedman war ein begabter, wenn auch verhältnismäßig unbekannter Architekt. Insbesondere dieser Entwurf ist ein merkliches Zugeständnis an den damaligen Geschmack und stützt sich auf die zeitgenössische amerikanische Architektur. Fridmans Beitrag zur ersten Runde des Wettbewerbs war origineller und interessanter. Er enthielt viele stilistische Merkmale, die in den 60er und 70er Jahren in der Architektur in Mode kommen sollten.

DER STIL IST GEFUNDEN

Die Periode des Modernismus in der Architektur Rußlands, der durch Offenheit für weltweite Einflüsse, die willkommene Teilnahme ausländischer Architekten an Wettbewerben und freimütige, kreative Diskussionen gekennzeichnet war, fand in dem Moment ein Ende, als die Ergebnisse des letzten Wettbewerbs für den Palast der Sowjets veröffentlicht waren. Die Arbeit am Haus der Kultur (für die Belegschaft der Stalin-Automobilfabrik, entworfen von den Gebrüdern Wesnin) und an der neuen Verlagszentrale der Parteizeitung Prawda (Architekt Panteleimon Golossow) wurde zwar fortgesetzt, aber aufgrund der politischen Situation, die sich bereits abzuzeichnen begann, konnte niemand es wagen, diese jüngsten Meisterwerke des Konstruktivismus zu loben.
Die endgültige Entscheidung der Jury über den Entwurf für den Palast der Sowjets war, ebenso wie der abrupte Gesinnungswandel während des Wettbewerbs, eine unmittelbare Folge wichtiger Ereignisse im kulturellen Leben. Nachdem Stalin die Zentralisierung politischer, ideologischer und wirtschaftlicher Institutionen abgeschlossen und auf diese Weise die Macht in seinen Händen konzentriert hatte, wandte er seine Aufmerksamkeit der Kunst zu. Er suchte sie zu einem Werkzeug zu formen, mit der sich seine politischen Ziele noch wirksamer durchsetzen ließen. Am 23. April 1932 verabschiedete das Zentralkomitee der KPdSU eine Resolution »Über strukturelle Veränderungen in literarischen und künstlerischen Organisationen«. Sämtliche unabhängigen Verbände wurden durch diesen Erlaß gesetzlich verboten. Alle, die einer schöpferischen Tätigkeit nachgingen – Architekten, Schriftsteller, Maler, Bildhauer und Filmschaffende – mußten Gewerkschaften beitreten, denen das ausschließliche Recht zugesichert wurde, in Übereinstimmung mit den Richtlinien der Parteiführung zu entscheiden, welche künstlerischen Auffassungen fruchtbar und »richtig« waren. Viele Künstler nahmen diese Verfügung mit Erleichterung auf, versprach sie doch Schutz gegen einen politisch ausgerichteten Angriff radikaler Gruppen, wie RAPP (Russischer Verband Proletarischer Schriftsteller), AKhRR (Verband der Maler des Revolutionären Rußland) und WOPRA, die gleichermaßen das ausschließliche Recht geltend machten, Sprachrohr der Arbeiterklasse zu sein. Der Erlaß schien all jenen gleiche Rechte zuzugestehen, die sich bereit zeigten, die offiziell verordnete Ideologie zu vertreten.
Besondere Aufmerksamkeit widmete man der Literatur, die als politisch engagierteste Kunst galt. (Einige Zeit später wurde auch die Filmindustrie unter die persönliche Kontrolle Stalins gestellt. Infolgedessen brachte Rußland eine Zeitlang nicht mehr als neun bis zwölf Filme pro Jahr heraus, denn mehr konnte ein einzelner Zensor nicht auf Herz und Nieren, in jeder einzelnen Produktionsphase – vom Rohkonzept bis zum letzten Schnitt – überprüfen.) Der Begriff »sozialistischer Realismus«, der, zur Doktrin erhoben, viele Jahre lang als der einzig mögliche Stil im sozialistischen Staatsgefüge galt, wurde für die Literatur aus der Taufe gehoben. Seine Bedeutung ist bis heute nebelhaft geblieben. Tausende von Büchern und Artikeln wurden in den vergangenen fünfzig Jahren über dieses Thema geschrieben, und sämtliche offiziell anerkannten russischen Kunstwerke, die zwischen Anfang der 30er Jahre und dem heutigen Tag entstanden, wurden mit dem Etikett »sozialistischer Realismus« versehen. Und dennoch ist es niemandem gelungen, genau zu erklären, was damit gemeint sei. Die Satzung des Schriftstellerverbandes von 1934 bietet die recht verschwommene Definition: »Die wahre und historisch authentische Darstellung des Lebens in seiner revolutionären Entwicklung.«

Bild 46, 47
Wladimir Schtschuko und Wladimir Gelfreich:
Gorki-Theater, Rostow am Don.
Grundriß und Frontansicht, 1934.
Das Gebäude sollte die Form eines Traktors erhalten. Die Arbeit wurde gleichzeitig an diesem Projekt, an der Lenin-Bibliothek und am Palast der Sowjets fortgesetzt.

Bild 48
Ilja Golossow:
TASS-Gebäude, Moskau.
Unrealisiertes Projekt, 1934.
Ilja Golossow entwarf einige der elegantesten konstruktivistischen Bauwerke der sowjetischen Architektur, u.a. das Haus der Textilien (1925), Ruskertorg (1926) und Electrobank (1926). Er galt auch als federführend in der Schule der »symbolischen Romantik«, einer kurzlebigen Bewegung in den frühen 20er Jahren, und war Urheber einer zeitgenössischen Theorie

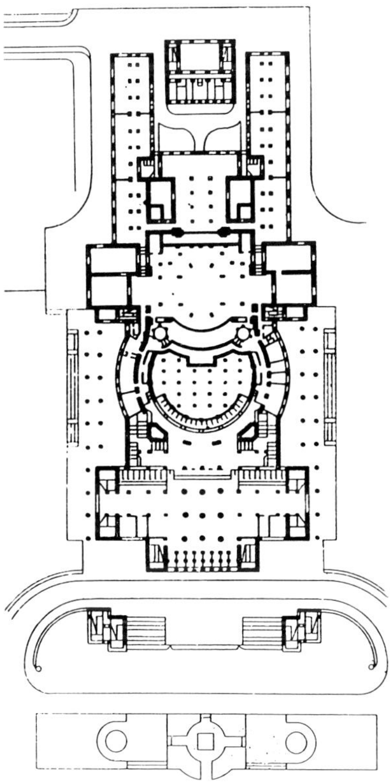

Bild 46

über den »architektonischen Organismus« Er lehnte den Konstruktivismus aufrichtig ab, was sich in diesem Entwurf offenbart, auch wenn in seinen Werken so manche Zweifel am neuen Stil zum Ausdruck kommen. Seine Bemühungen, den Klassizismus zu modernisieren und seinen eigenen künstlerischen Bedürfnissen anzupassen, führten zu einer engen Anlehnung an das europäische Art deco.

Bild 47

Bild 48

Bild 49

49
Ilja Golossow:
Dom Knigi (»Haus des Buches«; Gebäude
des Verbandes staatlicher Verlagsanstalten).
Unrealisiertes Projekt, 1934

Bild 50
Alexej Schtschussew:
Hauptgebäude der Akademie der Wissenschaften, Moskau.
Unrealisiertes Projekt, 1933.
Obwohl es die Akademie schon lange vor 1917 gegeben hatte, gewann sie unter Stalin eine besondere Bedeutung. In einem System, das einerseits ein Höchstmaß an Zentralisierung anstrebte und andererseits bei den überlieferten Architekturmodellen der Renaissance und des Klassizismus Anleihen nahm, konnte es nicht ausbleiben, daß eine wahre Flut von »Akademien« entstand. Der Auftrag für den Bau der Akademie der Wissenschaften – »Brennpunkt für die größten wissenschaftlichen Leistungen, die je von einem Volk erbracht wurden« – galt als besonders ehrenvoll. Die Arbeit an den Entwürfen für dieses Projekt dauerte bis zum Beginn der 50er Jahre.

Bild 51
Alexander Nikolski:
Kirow-Stadion, Leningrad.
Unrealisiertes Projekt, 1932 bis 1950.
Die Arbeit am Stadion, die sich über einen langen Zeitraum hinzog, begann während der Jahre, als sportliche Aktivitäten für die breite Masse propagiert wurden und der Kommunist der Zukunft einen starken, gesunden Körper haben sollte. Und so nahmen in einem Land, in dem vor der Revolution nur Gesicht und Arme entblößt werden durften, nun Tausende junger Leute in ärmellosen Trikots und kurzen Hosen an endlosen Paraden, Propaganda-Aufmärschen und öffentlichen Gymnastikveranstaltungen teil.

Bild 50

Bild 51

Bild 52

Bild 53

Bild 52
Jewgeni Lewinson, Iwan Fomin:
Haus der Sowjets, Leningrad.
Wettbewerbsbeitrag, 1936.
Der Entwurf zeigt die Fassade,
in die Zitate aus den kurz zuvor
verabschiedeten stalinistischen
Gesetzesvorlagen eingemeißelt wurden.

Bild 53
Noj Trotzki:
Marineakademie, Leningrad.
Unrealisiertes Projekt, 30er Jahre.
Rustikawände waren in der Architektur der
30er Jahre ein sehr beliebtes Element.
Nach dem Krieg wurden sie häufiger als
Hintergrund für üppige Verzierungen
betrachtet; einfache, unbehauene Mauern
wie hier wurden zur Seltenheit.

In einer Debatte, die dem ersten Kongreß des sowjetischen Schriftstellerverbandes im August 1934 vorausging, bemühte man sich um eine Definition des Begriffs »Realismus«. Zu den Vorschlägen zählten »proletarischer«, »politisch engagierter« und »monumentaler«Realismus, ja sogar »Realismus mit sozialistischem Inhalt«. Die endgültige, vom Kongreß akzeptierte Begriffsbestimmung lautete »sozialistischer Realismus«. Überraschenderweise wurden zwei frühe Werke von Maxim Gorki – das Bühnenstück »Feinde« und sein Roman »Die Mutter« –, beide einige Zeit vor der Revolution im Jahr 1906 geschrieben, zu angemessenen Modellen erklärt, denen die Schriftsteller nacheifern sollten.

Der Zwang, im sozialistisch-realistischen Stil zu arbeiten, griff rasch auch auf andere Zweige der Kunst über. Die Maler fanden es verhältnismäßig leicht, sich den Forderungen anzupassen: sie brauchten sich lediglich an die Prinzipien der akademischen Malerei des neunzehnten Jahrhunderts zu halten und geeignete Themen zu wählen. Dazu gehörten beispielsweise Porträts von führenden Persönlichkeiten aus der Politik, des weiteren Fabrikarbeiter, die sich durch außergewöhnliche Eigeninitiative oder Fleiß hervorgetan hatten, oder auch Motive wie ertragreiche Ernten und Industrielandschaften. Die Architekten befanden sich hingegen in einer schwierigeren Lage. Bis zu einem gewissen Grad konnten sie sich an den neuerdings beliebten Versuchen orientieren, das Wesen der Ästhetik zu bestimmen, zum Beispiel als »Wahrheit in der Kunst« – was sich als verbindliche Übereinstimmung zwischen äußerem Erscheinungsbild und Zweck eines Gebäudes deuten ließ. Oder sie hielten sich an die offiziell mit Nachdruck vertretene Anschauung, jeder Form der Ornamentik müsse eine praktische Rolle zukommen: ein Gewölbebogen mit dekorativer Wirkung habe auf etwas zu »stehen«, während eine schmuckvolle Säule etwas zu »stützen« habe. Die meiste Zeit waren sie jedoch gezwungen, bei Verlautbarungen und rhetorischen Äußerungen Rückendeckung zu suchen, um ihre Positionen zu sichern. In einem der für diese Zeit typischen Parteierlasse hieß es beispielsweise:

»Bei ihrer Suche nach einem angemessenen Stil muß die sowjetische Architektur danach streben, realistische Kriterien zu berücksichtigen – Klarheit und Genauigkeit in ihren Schöpfungen, die dem Volk leicht verständlich und zugänglich sein müssen.«[1]

»Der Kongreß Sowjetischer Schriftsteller ruft alle Künstler des Landes auf, Kunstwerke zu schaffen, die der Herausforderung unserer Zeit angemessen und so verblüffend unverfälscht sind wie das Heldentum, das wir heute in der Sowjetunion finden. Am Vorabend ihres eigenen Kongresses werden die sowjetischen Architekten diesen Aufruf hören und ihm in ihren Werken nachkommen.«[2]

»Der sozialistische Realismus, das vorherrschende Prinzip der sowjetischen Kunst, lehnt die rein naturalistische Betrachtungsweise und die idealistischen Beschränkungen der bürgerlichen Kunst ab. Sozialistischer Realismus ist der ungehinderte, tätige Einsatz von Menschen, die ihre Welt gemäß den wissenschaftlichen Grundsätzen des Marxismus-Leninismus umwandeln.«[3]

Die Architekten beeilten sich, den Parteirichtlinien Folge zu leisten. Innerhalb von zwei Monaten, bis Juli 1932, waren sämtliche unabhängigen Gruppen und Vereinigungen aufgelöst; als Ersatz gründete man den Verband Sowjetischer Architekten (SSA). Der erste Kongreß des SSA, ursprünglich für den

Bild 54

Bild 54
Jewgeni Lewinson, Iwan Fomin:
Haus der Leichtindustrie, Leningrad.
Unrealisiertes Projekt, 1934.
Die Werke von Architekten der Leningrader Schule lassen sich für gewöhnlich auf Anhieb an der großen Schlichtheit und Strenge erkennen, wie sie sich in diesem Entwurf zeigen.

Herbst 1932 geplant, wurde mehrmals verschoben, weil man keine Übereinstimmung bei der Wahl der Vorstandsmitglieder und in allgemeineren, verwaltungstechnischen Fragen erzielen konnte. Man hielt zwei Konferenzen ab, um gemeinsam die Tagesordnung für den Kongreß festzulegen. Die erste verlief ziemlich ruhig. Die Teilnehmer waren vor allem damit beschäftigt, organisatorische Probleme zu lösen und weniger an Streitgesprächen über Stilistisches interessiert. Die zweite Konferenz widmete man jedoch Fragen, die sich um das Thema »Kreativität« rankten.

Hier ging es um »das Konzept des sozialistischen Realismus, seine Beziehung zum Erbe der Antike, und das Konzept des Klassizismus selbst ..., die Bewertung des Konstruktivismus als architektonischem System ..., die schöpferische Nutzung bäuerlicher Baukunst in der modernen Architekturschule ..., die Beziehung zwischen Architektur und Natur und die wirksame Ausschöpfung der modernen Technologie.«[4]

Die zweite Konferenz erlebte auch die Geburt eines neuen Phänomens, das zu beachten niemandem erspart blieb: der zu einem Ritual erstarrten Kritik. Beispielsweise wurde Scholtowski wegen seines »Ästhetizismus«, Schtschussew wegen seines »Hangs zu schmuckvollen Elementen«, Ginzburg und die Gebrüder Wesnin wegen »unstatthafter Vereinfachung und Schematisierung« und Melnikow wegen seiner »Neigung zu schematischer Anordnung« angegriffen. Es gab keine offenen Auseinandersetzungen von der Art mehr, wie sie die 20er Jahre belebt hatten. Nun wurde jedem automatisch ein gewisses Maß an »Schuld« und »Fehlern« vorgeworfen, denn das Recht auf die grundlegende Wahrheit und die Fähigkeit, die »Richtigkeit« eines Werks zu beurteilen, konnte nur der Kommunistischen Partei zugebilligt werden, oder genauer ausgedrückt, Stalin selbst.

Die Allrussische Architekturakademie (VAA) wurde am 14. Oktober 1933 gegründet; sie sollte das gewichtigste akademische wissenschaftlich arbeitende und forschende Institut für Architekten sein. Zu den Dozenten zählten die besten sowjetischen Baumeister der damaligen Zeit. Die Akademie leistete einen maßgeblichen Beitrag zur theoretischen Entwicklung des neuen klassizistisch ausgerichteten Stils. Ihre Mitglieder befaßten sich intensiv mit der klassischen Antike, aber auch mit der gotischen, buddhistischen, japanischen und chinesischen Architektur. Eine Vorstellung von dem breiten Themenkreis, der hier abgedeckt wurde, erhält man anhand der Vorlesungen, die am ersten Tag des ersten Seminars über Architekturtheorie und -geschichte gehalten wurden: D. Arkin, Architektur zur Zeit der Französischen Revolution; M. Alpatow, Probleme der Synthese in der Renaissancearchitektur: Raffaels* Stanzen; N. Brunow, Das Problem des Maßstabs in der klassischen griechischen Architektur; A. Gabrichewski, Architekturtheorien der Renaissance: Alberti**. Diese Abhandlungen besaßen ein hohes Niveau, aber die Teilnehmer wußten, daß die ungeschriebenen Regeln des Seminars von jedem eine Empfehlung verlangten, wie sich die Formen dieser oder jener Periode dem »sowjetischen Stil« anpassen ließen.[5] Eine Architekturelite war geboren. Die Akademie teilte alle Angehörigen dieses Berufstandes pauschal in »Meister«

Bild 55

Bild 56

Bild 55, 56
Alexander Dmitrijew:
Verwaltungsgebäude der Leningrader Industriekooperative, Leningrad.
Vorgeschlagene Ausstattung der Haupthalle, 1935.
In diesen beiden Zeichnungen läßt Dmitrijew die Erinnerung den den neoklassizistischen Stil aufleben, der zwischen 1910 und 1915 in Rußland beliebt war.

---

* Italienischer Maler und Baumeister, der die ›Stanza della Segnatura‹ und die ›Stanza d'Eliodoro‹ in den päpstlichen Gemächern ausmalte

** Leon Battista Alberti, italienischer Baumeister der Frührenaissance; er schuf u.a. die Fassade von Santa Maria Novella in Florenz

Bild 57

Bild 57
J. Belopolski:
Entwurf für eine Bibliothek.
Diplomarbeit, 1937.
Mitte der 30er Jahre wurden die Diplomarbeiten der Architekturstudenten in der Fachzeitschrift »Arkitekturnaya Gazeta« veröffentlicht. Belopolski gehörte der Generation von Baumeistern an, die in den 60er und 70er Jahren führende Stellungen in der sowjetischen Architektur einnehmen sollten.

Bild 58
Noj Trotzki:
Haus der Sowjets, Leningrad.
Querschnitt, 1936-1941.
Nur der mittlere Abschnitt von Trotzkis prunkvollem Entwurf sollte je vollendet werden, das Haus der Sowjets selbst. Er schrieb später: »In diesem Bauwerk findet man beträchtliche Knappheit sowohl in der Grundstruktur als auch in den Einzelheiten, in der Ausdruckskraft eines öffentlichen, sowjetischen Gebäudes und in den Wesensmerkmalen der Architektur. Sie stehen in keiner Weise im Widerspruch zur Architektur des alten Leningrad, sondern beziehen sich auf ihre Anfänge, während sie jegliche Wiederholung vermeiden.«

Bild 59
Noj Trotzki:
Haus der Sowjets, Leningrad.
Grundriß, 1936–1941

Bild 60
Noj Trotzki:
Haus der Sowjets, Leningrad.
Luftansicht und Plan der Umgebung, 1936–1941

Bild 61
Noj Trotzki:
Plan des Platzes vor dem Haus der Sowjets, Leningrad.
Unrealisiertes Projekt, 1936–1941

Bild 62
Noj Trotzki:
Brückenbogenreihe mit Sicht auf das Haus der Sowjets, Leningrad.
Unrealisiertes Projekt, 1936–1941

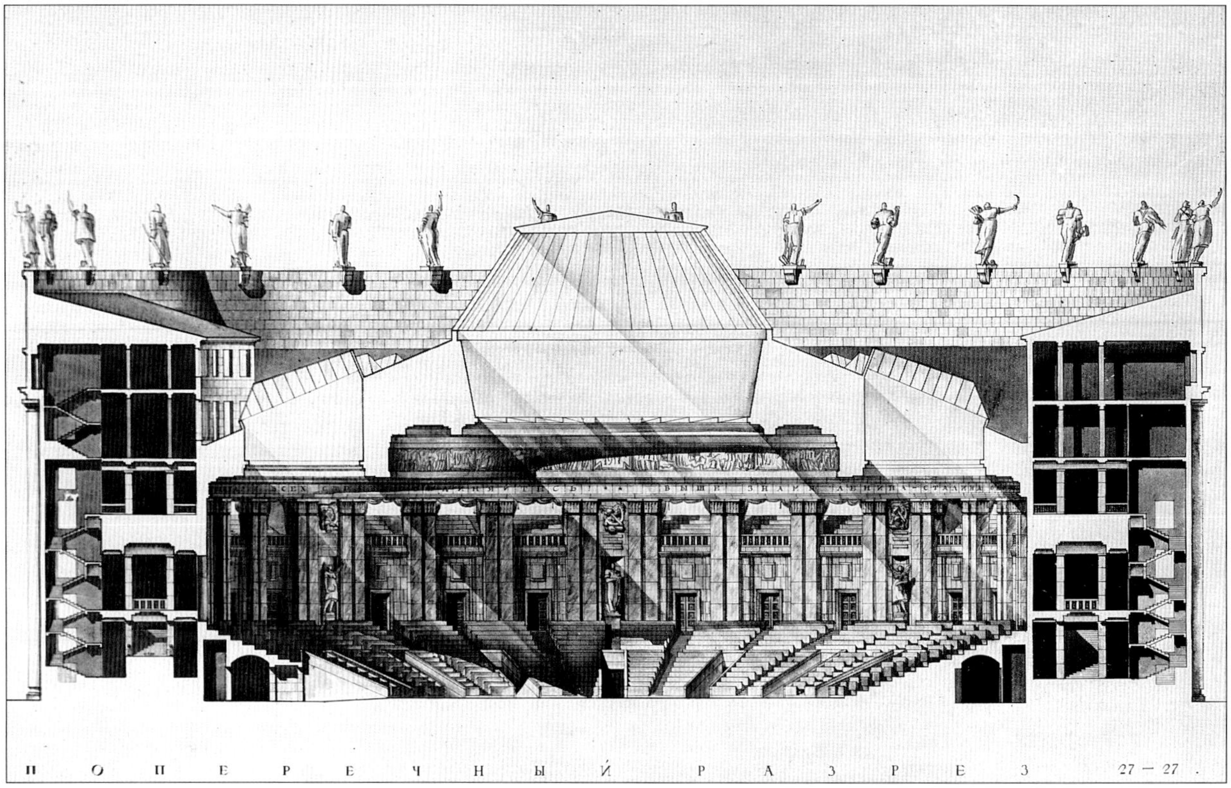

Bild 58

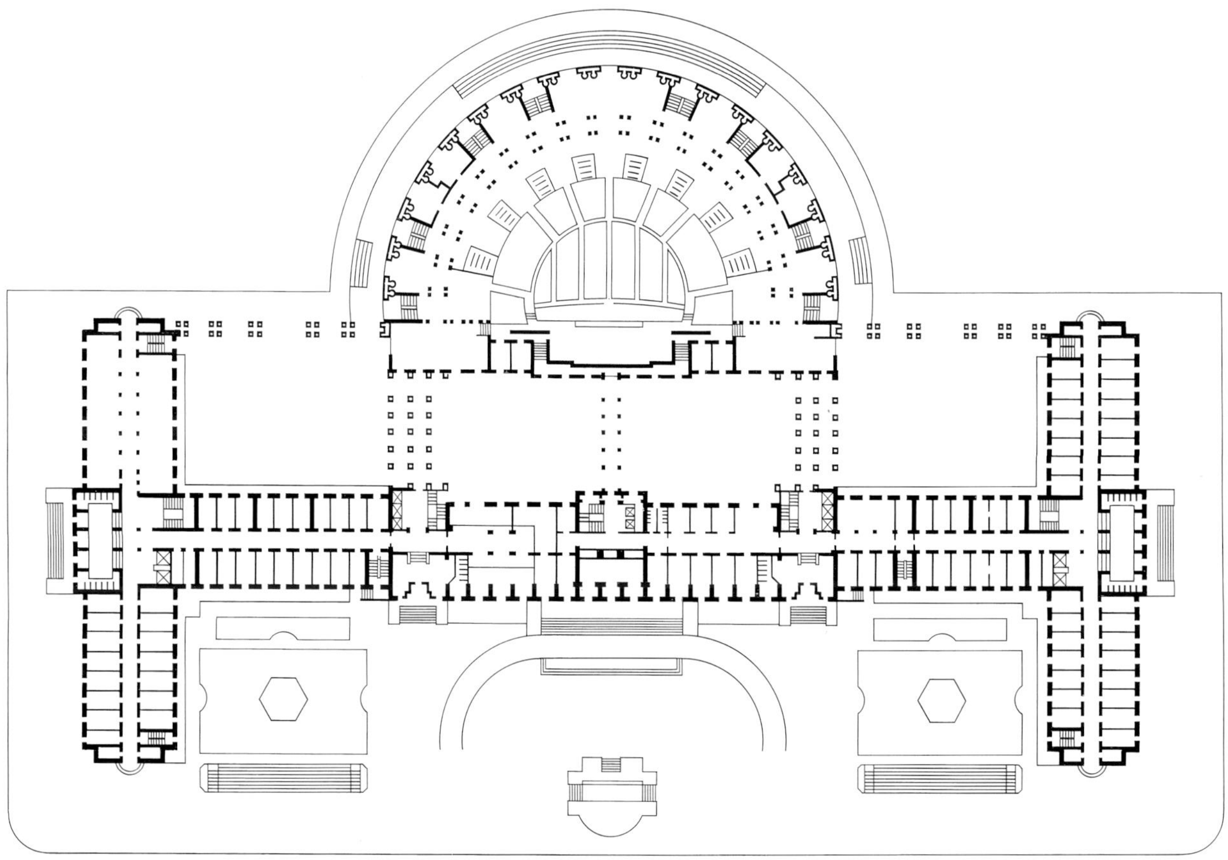
Bild 59

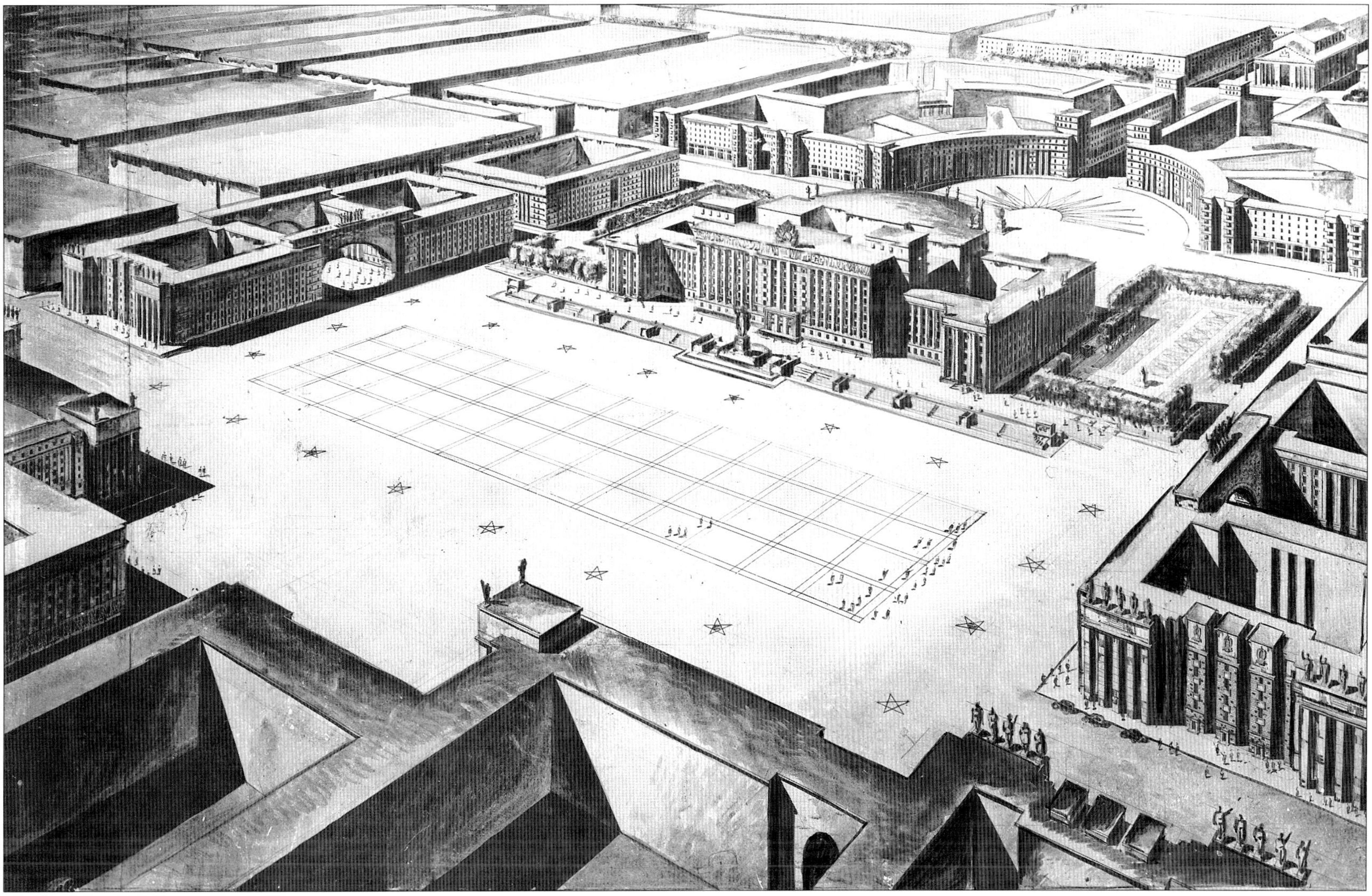

Bild 60

Bild 61

Bild 62

und »Lehrlinge« ein, und die ersten aufwendig gestalteten Monographien über zeitgenössische Architekten erschienen in der hauseigenen Fachzeitschrift.

Der erste Allunionskongreß der Architekten begann am 16. Juni 1937. Er wurde in der Säulenhalle des Hauses der Gewerkschaften in Moskau abgehalten – damals der renommierteste Ort für derartige Veranstaltungen. Die zahlreichen Referenten, die eine meisterhafte, neue Interpretation des Erbes der Antike forderten, hatten vornehmlich traditionelle, maßvolle Kompositionen im Sinn, die auf klassizistischen Ordnungsprinzipien beruhen sollten.

»Unter klassischer Architektur verstehe ich grundsätzlich die antike Architektur des fünften Jahrhunderts, Roms und der Renaissance. Wir verstehen die Baukunst dieser spezifischen Perioden als ein schöpferisches System, das kraft der besonderen historischen, sozialen und wirtschaftlichen Bedingungen der damaligen Zeit für uns von allergrößtem Wert hinsichtlich ihres Gespürs für Zweckdienlichkeit und künstlerischen Ausdruck ist«,[6] schrieb A. Alexandrow, der erste Präsident der Akademie.

Der Slogan »meisterhafte, neue Interpretation des Erbes« nahm nun in der Fachpresse eine Vorrangstellung ein. Obwohl jeder etwas anderes darunter verstand, wurden die klassischen Modelle der Baukunst tatsächlich ein wesentlicher Bestandteil der modernen Architektur. Verglichen mit diesen grandiosen neuen Bauwerken wirkten die Schöpfungen der Konstruktivisten bereits rückständig. Und dennoch entwickelte sich allen Widrigkeiten und rein theoretischen, mit leeren Phrasen befrachteten Kontroversen zum Trotz in der Praxis eine vielfältige und kraftvolle Baukunst.

Die ersten Anzeichen des neuen Stils lassen sich schon früh entdecken, zum Beispiel in den Werken von Iwan Fomin, einem der namhaftesten Architekten aus der Zeit vor der Revolution. Seine grundlegende Vorstellung war als »roter dorischer Baustil« oder »proletarischer Klassizismus« bekannt. In seinem Dynamo-Gebäude (für den NKWD, später KGB), das 1929 fertiggestellt wurde, tragen die hohen Doppelsäulen der Fassade an der Dscherschinskistraße das schlichte, von kreisförmigen Fenstern durchbrochene Gebälk des oberen Stockwerks. Fomin erklärte: »Die Architektur des Bauwerks gründet im wesentlichen auf dem klassischen Formenkanon, dessen Verwendung einer strengen Disziplin unterworfen war. Die Details des Entwurfs enthalten jedoch eine Vielzahl neuer Elemente, wie Säulen ohne Postament oder Kapitell, das Fehlen eines klassischen Säulengebälks ..., die glatten Oberflächen der Fassade und die paarige Anordnung der Säulen.«[7]

Das Dynamo-Gebäude steht dem Konstruktivismus stilmäßig noch nahe. Fomin sah sich gezwungen, diesen Kompromiß zu rechtfertigen. Er erklärte, die Verwendung von Doppelsäulen habe ihm gestattet, die Stützelemente weniger kompakt und die Proportionen der Fassade eleganter zu gestalten.

Einige Jahre später zeigte er sich gleichwohl bereit, das Gebäude des Ministerrats der Ukraine in Kiew (1934–38) mit hochaufragenden, strukturell überflüssigen Säulen zu schmücken, die keine Trägerfunktion besaßen und einfach gegen die Wand gelehnt waren. Die mit Stuckarbeiten verzierten Außenmauern von Erdgeschoß und erstem Stockwerk deuteten einen Sockel an, während die sieben oberen Stockwerke von Säulen umgürtet waren. Fomin starb 1937; er konnte sein letztes Werk nicht mehr vollenden, aber er hatte eine äußerst wichtige Rolle bei der Durchsetzung des stalinistischen Stils gespielt.

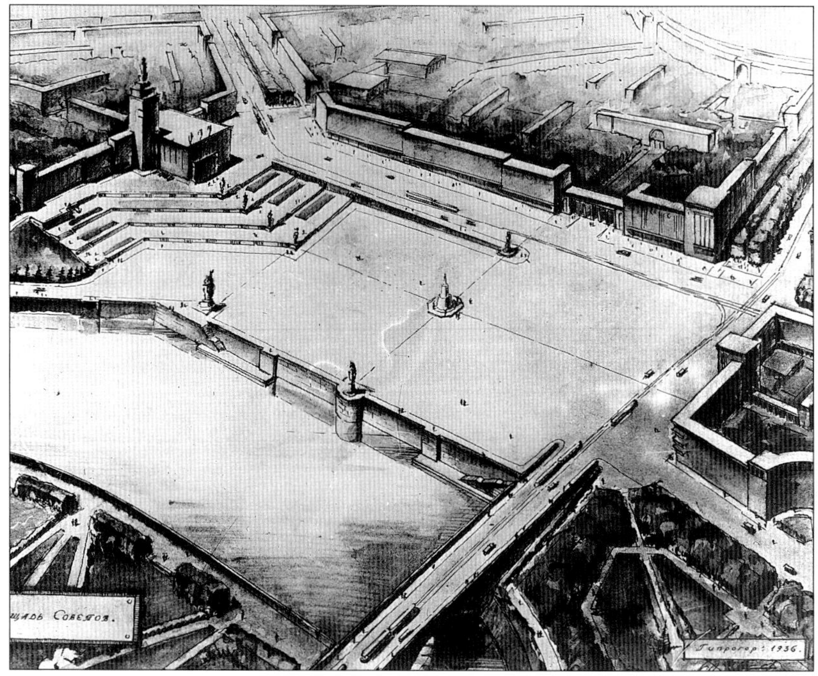

Bild 63

Bild 64

Bild 63
Kilowatow:
Platz der Sowjets, Minsk.
Unrealisiertes Projekt, 1936

Bild 64
Dmitri Tschetschulin, Entwurf unter Mitarbeit von K. Orlow:
Platz für Paraden und Aufmärsche vor dem Gebäude des Rates der Volkskommissare und des Zentralkomitees, Kiew.
Unrealisiertes Projekt, undatiert

Bild 65

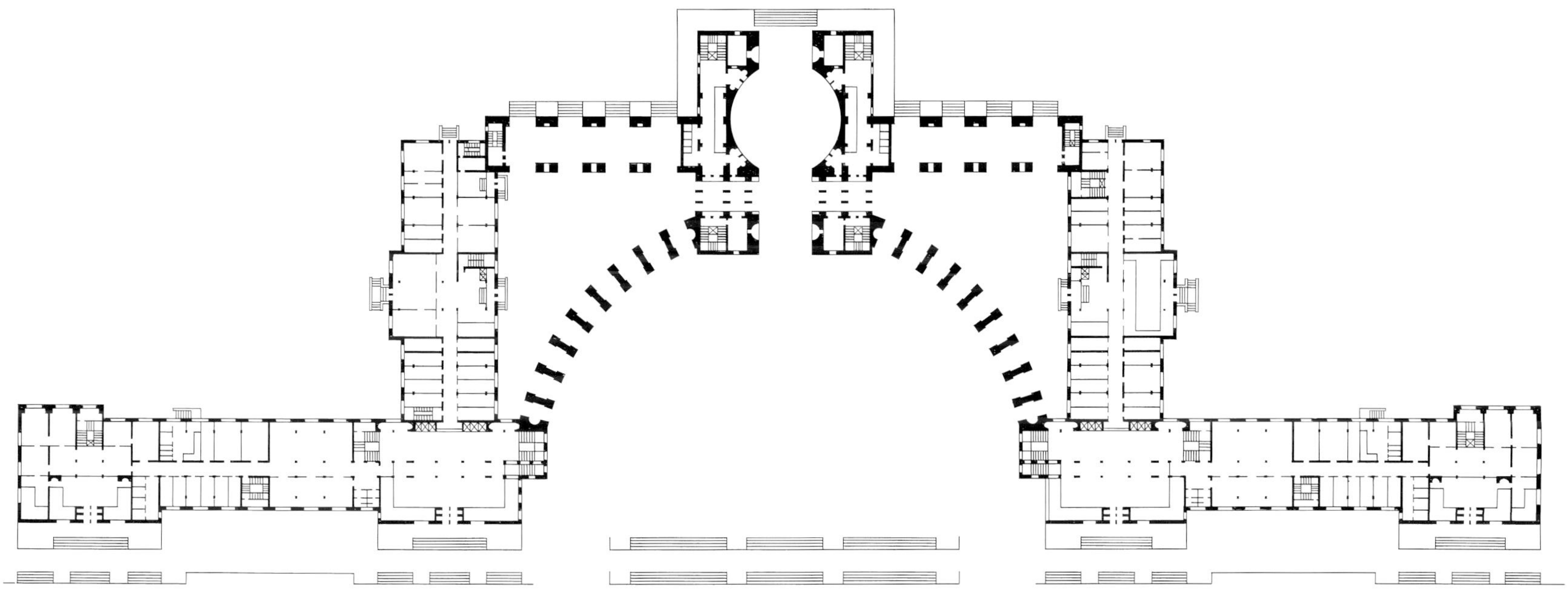

Bild 66

Bild 65, 66
Dmitri Tschetschulin, Entwurf unter Mitarbeit von K. Orlow:
Gebäude des Rates der Volkskommissare und des Zentralkomitees, Kiew.
Perpektive und Grundriß, unrealisiertes Projekt, undatiert

Bild 67

Bild 67
Sadich Dadaschew:
Haus der Sowjets, Baku.
Unrealisiertes Projekt, undatiert

Bild 68

Bild 68
Alexander Wlassow:
Lenkomvuz-Gebäude, Leningrad.
Unrealisiertes Projekt, 1934.
1930 und 1931 hatte Wlassow zwei geschlossene Wettbewerbe für den Entwurf konstruktivistischer Bauten gewonnen. Drei Jahre später war sein Leben beträchtlich härter geworden. Der Journalist Kussakow schrieb in der Zeitschrift »Arkhitektura SSSR«: »Die Aufgabe, jene Probleme zu lösen, denen sich der Architekt Wlassow gegenübersieht, ist unermeßlich schwieriger geworden. Der Grund liegt in seinem Bedürfnis, sich nach seinen ›Jugendsünden‹, die er während der Bauarbeiten an der ersten, teilweise fertiggestellten Version dieses Projekts begangen hat, zu bessern.«

Bild 69
Lew Rudnew, unter Mitarbeit von W. Munz:
Frunse-Militärakademie, Moskau.
1932–1937

Bild 70
Lew Rudnew, unter Mitarbeit von W. Munz und Tchatschekow:
Haus der Sowjets der Unionsrepublik Aserbaidschan, Baku.
1934.
Diese Zeichnung vermittelt nicht den richtigen Eindruck von den riesigen Ausmaßen des Bauwerks, das ohne nennenswerte Veränderungen nach dem ursprünglichen Konzept errichtet wurde. Rudnew gewann den geschlossenen Wettbewerb und erhielt somit den Auftrag; der zweite Preis wurde den einheimischen Architekten Sadik Dadaschew und Michail Useinow zuerkannt, deren Erfolge in Aserbeidschan bis zu diesem Zeitpunkt unangefochten waren.

Bild 71
Lew Rudnew:
Narkomvoenmor (Volkskommissariat für Militärische und Marineangelegenheiten), Moskau.
1933.
Rudnew vollendete sowohl dieses Projekt als auch den Bau der Frunse-Militärakademie in Moskau. Beide sind im gleichen ausgeprägten Stil gehalten und mit verschiedenen militärischen Symbolen geschmückt.

Bild 69

Bild 70

Bild 71

Fomins Kompromißlösung ebnete den Weg für eine Rückkehr zum Klassizismus. Er formulierte seine Ziele mit aller Klarheit: »Ich schlage das folgende Architekturprinzip vor: alle Elemente der klassischen Tradition zu verwenden, die grundlegend und gesund sind, insbesondere erstens das Konzept, ein Bauwerk als einheitliches, organisches Ganzes zu gestalten, dessen Vollständigkeit so gründlich durchdacht worden ist, daß auch nicht ein Merkmal hinzugefügt oder weggelassen werden kann; und zweitens die klassische Ordnung als ein zwingendes Element der Disziplin anzuerkennen.
Der Rest des klassischen Erbes kann von Grund auf angepaßt oder aber verworfen werden. Die Rundsäule als Bauelement, die vollkommenste Form vertikaler Trägerstrukturen, sollte erhalten bleiben, jedoch ohne kunstvolle Ausschmückungen. Kapitell und Postament sind überflüssig und entbehrlich. Das Gebälk, das normalerweise drei Bestandteile aufweist – Architrav, Fries und Gesims – sollte auf ein gestuftes Gesims beschränkt werden, umschlossen von einer fortlaufenden Brüstung … Diese Vereinfachung und strenge Formgebung sind unerläßlich, um dem Entwurf zusätzliche Kraft und Dynamik zu verleihen. So vermag er, bar aller überflüssigen Elemente, die Ideologie unserer Zeit nachdrücklicher zu vermitteln.«[8]
Die Architekturpraxis wurde allmählich konservativer. Selbst bei fertigen oder noch im Entstehen begriffenen Bauten entfernte man alles Konstruktivistische, um sie prunkvoll und klassizistisch auszustatten. Dort, wo sich die Spuren des Konstruktivismus nicht beseitigen ließen, leitete man besondere Maßnahmen ein, um das Bauwerk zu »korrigieren«. 1932 erhielten die beiden jungen Architekten Leonid Sawelew und Oleg Stapran als Sieger eines Wettbewerbs den Auftrag, das Mossowjet-Hotel (später Hotel Moskwa) an der Ochotnistraße zu errichten. Innerhalb eines Jahres mißfiel die schlichte, konstruktivistische Komposition jedoch urplötzlich den Auftraggebern, und Schtschussew wurde hinzugezogen. Er rettete die Situation, indem er den Entwurf dem klassischen Formenkanon anpaßte und dafür sorgte, daß Stalin ihn persönlich genehmigte. Den Ruhm für das Endergebnis nahm er für sich alleine in Anspruch.
Wsewolod Meyerholds Theater an der Sadowayastraße erwartete ein ähnliches Schicksal. Der außerordentlich experimentierfreudige Direktor entwarf 1932, in Zusammenarbeit mit den Architekten Sergej Wachtangow (Sohn von Jewgeni Wachtangow, einem weiteren großen russischen Theaterdirektor) und Michail Barchin ein von Grund auf neues Schauspielhaus. Die Bühne, ohne Vorhänge oder Rampenlichter, befand sich in der Mitte des kreisförmigen Raums.
Als der Rohbau jedoch stand, war Meyerholds Unternehmen aufgelöst und er selbst verhaftet worden (1940 wurde er erschossen). Das Projekt, unauslöschbar mit dem Namen des liquidierten Direktors verbunden, wurde sofort vollständig neu konzipiert. »Die Bauarbeiten wurden unterbrochen und die Innenräume ohne unsere Mitwirkung fertiggestellt. Mit der Gestaltung der Fassaden und Innenausstattung beauftragte man zunächst Schtschussew und danach Tschetschulin«, erinnerte sich Barchin später.[9] Dmitri Tschetschulin verwandelte den soeben erst entstandenen halbfertigen Bau des Meyerhold-Theaters in die Tschaikowsky-Konzerthalle.
Fomin hatte die »Leningrader Schule« sowjetischer Architekten begründet, und seine Anhänger übten einen nachhaltigen Einfluß auf den neuen Stil aus. Lew Rudnew, einer der begabtesten aus diesem Kreis, verließ Leningrad und zog

Vor der Frunse-Militärakademie sollte eine Panzer-Plastik aufgestellt werden. Anstelle des monumentalen Werks wurde aber nur, für kurze Zeit, ein Holzmodell errichtet. Das endgültige Werk wurde infolge der erbitterten Rivalitäten zwischen den verschiedenen militärischen Stäben nie in seiner endgültigen Form errichtet. Der Direktor der Frunse-Akademie beharrte darauf, der Panzer eigne sich besser für die Akademie der Panzerkriegsführung als für ein Institut, das sich mit den militärwissenschaftlichen Aspekten verschiedener Truppengattungen befasse. Die Schöpfer der Plastik sahen sich deshalb genötigt, einen neuen Entwurf vorzulegen, eine Reiterstatue von Frunse (eines Bolschewisten, der sich im Bürgerkrieg hervortat), die jedoch nie errichtet wurde.

Bild 72
A. Laktionow:
Beim Entwerfen der Kadettenzeitung.
1938.
Wie in jedem Genre der stalinistischen Kunst, so lag auch hier die Betonung weniger auf Individualität als vielmehr auf Teamarbeit und aktiver Beteiligung.
Die Zeitungen dieser Ära waren häufig »Wandzeitungen«, die aufgehängt wurden, um sie allen Interessenten zugänglich zu machen. Ein Blick durch die Fenster läßt die unverwechselbare Silhouette von Leningrad erkennen.

Bild 72

Bild 73

Bild 74

Bild 73, 74
Alexej Schtschussew und andere:
Hotel Moskwa, Moskau.
Einzelzimmer und Salon einer Suite mit zwei Räumen, 1936.
Das gesamte Mobiliar des Hotels wurde eigens entworfen und angefertigt. Die strenge, offiziell wirkende Ausstattung gab vielen Räumen das Aussehen von Büros, die einem Industriekapitän oder einem hochrangigen NKWD-Funktionär angestanden hätten. Die handwerkliche Qualität der Ausfuhrung und die Wahl der Materialien waren erstklassig. Zutritt zum Hotel hatten nur Personen, die hohes Ansehen im Kreml genossen.

Bild 75
Alexej Schtschussew und andere:
Hotel Moskwa, Moskau.
Restaurant, Innenausstattung, 1937.
Viele Jahre lang galt dieses Hotel als eines der besten in Moskau. Zeitgenössischen Erinnerungen zufolge besaßen die Moskauer Restaurants während des stalinistischen Regimes hohes Niveau, der Zutritt war jedoch nur wenigen Auserwählten gestattet.

Bild 75

Bild 76

Bild 76
Alexej Schtschussew und andere:
Hotel Moskwa, Moskau.
Hauptfassade, 1936.
1935, noch vor der Fertigstellung des Hotels, schrieb der Architekturkritiker Nekrassow: »Die massive Gestaltung des Gebäudes – nicht weit von einem Meisterwerk der alten Architektur, Kasakows Moskauer Universität, entfernt – paßt zu den vorhandenen Monumentalbauten im Stadtkern Moskaus. Die imposante Struktur des Hotels wird durch den riesigen Platz, der sich vor ihm öffnet, hervorgehoben.«

Bild 77
Alexej Schtschussew, Alexander Kurowski und andere:
Hotel Moskwa, Moskau.
Rückwärtige Fassade, zweite Phase.
Unrealisiertes Projekt, undatiert.
Obwohl der Entwurf nie realisiert wurde, hat man sich bei der Gestaltung der rückwärtigen Bauabschnitte des Hotels, die sich zum Swerdlow-Platz und Bolschoi-Theater hin öffnen und erst in den 70er Jahren errichtet wurden, ziemlich eng an diese Vorlage gehalten.

Eine Anekdote über die Rolle Stalins bei der Entwicklung der zeitgenössischen Architektur bezieht sich auf die Gestaltung des Hotels Moskwa. Als der Architekt, Alexej Schtschussew, seinen Entwurf zur Genehmigung einreichte, trennte er zwei verschiedene Ausführungen mit einem Federstrich. Stalin unterzeichnete das Blatt; entweder hatte er nicht bemerkt, daß es sich um zwei Vorschläge handelte, oder er war nicht gewillt, seine Wahl zu treffen. Ein so abgesegneter Entwurf hatte quasi Gesetzeskraft, und so wurde einem der wichtigsten öffentlichen Plätze Moskaus ein Hotel

Bild 77

hinzugefügt, dessen Hauptfassade aus zwei mehr oder weniger unzusammenhängenden Hälften bestand. Eine andere Geschichte betrifft die Ausschreibung für den Entwurf des STO-Gebäudes (Arbeiter- und Verteidigungsrat). Allem Anschein nach hatte Stalin eines Tages selbst an den Beratungen der Jury teilgenommen und gefragt: ›Wo ist Langmans Entwurf?‹ Infolgedessen gewann Arkadi Langman, Architekt im Referat für Ingenieur- und Bauwesen des NKWD (Volkskommissariat für Innere Angelegenheiten, 1946 dem Ministerium des Innern angegliedert), einen renommierten Wettbewerb, für den er urprünglich gar keinen Beitrag eingereicht hatte.

nach Moskau. Er erhielt trotz starker Konkurrenz durch Konstantin Melnikow, Michail Minkus und die Gruppen ASNOWA und WOPRA den Auftrag, die Frunse-Militärakademie in der Metropole zu bauen. Die Überlegenheit seines Entwurfs stellte einen triumphalen Sieg bilderreicher oder symbolhaltiger Architekturkonzepte über die rationalistischen Gestaltungsprinzipien des Funktionalismus dar. Die Wettbewerbsbedingungen schrieben vor, das Bauwerk müsse durch seine architektonische und künstlerische Gestaltung die Stärke und Macht der Roten Armee zum Ausdruck bringen, und die Innenausstattung müsse der anspruchsvollen politischen und militärischen Ausbildung der Offiziere angemessen sein. Auch das Militär billigte Rudnews Entwurf.

Die erste Bauphase zog sich von August 1932 bis Ende 1937 hin. Fotografien der Akademie in zeitgenössischen Architekturzeitschriften zeigen für gewöhnlich das monolithische Hauptgebäude, die Wände mit den versenkten Fenstern, die endlose, horizontale Linie des Stilobats (die fortlaufende Basis der Kolonnade) oder den Panzer, der vor dem Gebäude auf einem Granitsokkel steht. Die Komposition ist nüchtern und zurückhaltend, und dennoch wirkt sie massiv und dynamisch. Jedes Element unterstützt diesen Gesamteffekt – einschließlich der Reliefs und rhythmischen Anordnung der schwarzen Labradoritsäulen. Das Bauwerk vermittelt den Eindruck, in sich geschlossen und unabhängig zu sein. Der Passant sieht nur die glatte, festungsähnliche Mauer, über der sich der Block erhebt, in dem sich die Unterrichtsräume befinden. Hier handelt es sich um eine bewußt schlicht gehaltene, 40 Meter hohe Würfelkonstruktion mit eingemeißeltem Stalin-Zitat: »Wir haben kein Bedürfnis, fremdes Hoheitsgebiet zu erobern, aber wir werden keine Handbreit unseres eigenen Landes abtreten.« Ursprünglich hatte man einen Panzer aus dem Ersten Weltkrieg vor dem Gebäude aufgestellt. Daß dieses Symbol selbst 1932 schon veraltet war, schien wohl unwichtig, obwohl die neuesten Errungenschaften der Militärtechnologie für die Kunst ständig ein interessantes Thema blieben. Krestowski und Rudnew war es gelungen, ein Bild der Stärke zu schaffen. Rudnew erklärte: »Je weniger sich das erzählerische Element der Skulptur aufdrängt, und je mehr es aus architektonischer Sicht behandelt wird, desto reiner wird die Architektur des Bauwerks selbst sein und desto größer der Sinn für Vollkommenheit und Einheitlichkeit, den es vermittelt.«[10] Obwohl die Kritiker anmerkten, daß die Skulptur und die Wandgemälde »eher dem Temperament und der Findigkeit des Architekten Tribut zollen als seinem Geschmack und Gefühl für Proportionen«,[11] wurde Rudnews Erfolg nahezu weltweit anerkannt. Zeitgenössische Autoren griffen zu unmißverständlichen Metaphern, um ihre Bewunderung für das Projekt zum Ausdruck zu bringen: »Die mathematische Ordnung der identischen Bauabschnitte und Fenster erinnert, gemeinsam mit der freistehenden Skulptur, an eine militärische Kolonne mit dem Befehlshaber an der Flanke. In dieser Gedankenverbindung liegt die Wirksamkeit der künstlerischen Bildersprache und der grundlegende architektonische Zweck des Bauwerks.«[12]

Wie Fomin, so wies auch Rudnew überzeugend darauf hin, daß der Weg vom Konstruktivismus zur stalinistischen Spielart des Klassizismus – von der Romantik des Revolutionszeitalters zur Baukunst des Totalitarismus – kurz und einfach sein konnte. Der Entwurf weist modernistische Züge auf, zum Beispiel eine grundlegend konstruktivistische Form, einen funktionalen Grundriß und das Kubusmotiv, Merkmale, die für den russischen Suprematismus so

Bild 78

Bild 79

Bild 78
Arkadi Langman:
STO (Arbeiter- und Verteidigungsrat)-Gebäude, Moskau.
1935

Bild 79
Juri Pimenow:
Das neue Moskau.
1937.
Dieses Gemälde ähnelt einer Standaufnahme aus einem sowjetischen Film der damaligen Ära. Obwohl es 1937 entstand, als Stalins Terror am schlimmsten war, strahlt es ungebrochenen Optimismus aus. Hier wird Moskau im Morgenlicht nach einem Regenguß dargestellt – eine passende Metapher für die Mitte der 30er Jahre, als noch viele Menschen Hoffnung in die Zukunft setzten. Pimenow verbrannte seine früheren Arbeiten aus der vorstalinistischen Zeit und konzentrierte sich darauf, einen Stil zu schaffen, der dem neuen Regime angemessen war. Im Hintergrund des Bildes lassen sich vertraute Wahrzeichen der Metropole erkennen. Die Türme des Gebäudes in der Mitte, das den Rat für Arbeit und Verteidigungsrat beherbergt, bilden einen Kontrast zu den Bauwerken des neunzehnten Jahrhunderts, die noch immer auf dem für die zweite Bauphase des Hotels Moskwa vorgesehenen Areal stehen.

charakteristisch sind. »Klassische« Elemente finden sich in der Wahl der Baumaterialien, der Verwendung von Reliefschmuck, der Gestaltung der Fassaden und im Rückgriff auf Symbole; sie alle spiegeln den Wandel im Zeitgeist wider. Die städtischen Verwaltungsgebäude besaßen in den 30er Jahren in Rußland besondere Bedeutung. Schon ihr Vorhandensein war ein greifbares Sinnbild staatlicher Macht, auch wenn den leicht und elegant wirkenden Büros im konstruktivistischen Stil das Monumentale fehlte, das die neue Epoche vorschrieb. Nun waren bombastische Formen gefordert, die für die Ewigkeit gemacht schienen. Eines der ersten neuen Regierungsgebäude in einem dem Art deco nahen Stil stammte von Arkadi Langman, Direktor der Abteilung für Ingenieur- und Bauwesen des NKWD. 1935 entwarf und baute er die STO-Zentrale (Rat für Arbeit und Verteidigung). Das Gebäude ist unbestritten ein Klassiker der sowjetischen Architektur und wurde unverzüglich auch als solcher anerkannt. Seinem Ruf konnten auch Veränderungen im kurzlebigen Zeitgeschmack oder Stil nichts anhaben. Trotz seiner Schlichtheit ist es weit davon entfernt, rudimentär zu wirken. Seine auffällig monumentale Form beeinträchtigt in keiner Weise seine menschlich anmutenden Proportionen, und die Kombination von statischen und dynamischen Eigenschaften setzt neue Maßstäbe für das Stadtbild. Mit seinem außergewöhnlich bescheidenen Schmuck und schlichten Verputz ist es bis zum heutigen Tag das nüchternste und zugleich imposanteste Verwaltungsgebäude in Moskau. Georgi Golz, ein Schüler Scholtowskis, der die höchsten Leistungsansprüche stellte, setzte es auf die Liste der Bauwerke, die er für die vier besten der sowjetischen Architektur hielt: »Nun haben wir zu einem guten, authentischen und neuen eigenen Architekturstil gefunden. Er ist im STO-Gebäude, in der Metro, im Moskau-Kanal und in der Ausstellung verkörpert« (Landwirtschaftliche Unionsausstellung, auf deren Grundlage 1959 die WDNCh entstand, die Ausstellung der Errungenschaften der UdSSR), erklärte er 1940 bei der Tagung Moskauer und Leningrader Architekten.[13]

Das STO-Gebäude lag am Anfang des Iljitsch-Boulevards, einer Prachtstraße, die zum geplanten Palast der Sowjets führen sollte. Es sollte den Beginn dieses Zuweges markieren und eine wichtige Rolle in der neuen, hochaufragenden Silhouette des Stadtzentrums spielen. Aber der Palast der Sowjets kam über die Reißbrettphase nie hinaus, und folglich wurde das STO-Gebäude selbst bald zum Fixpunkt eines der eindrucksvollsten Moskauer Architekturensembles. Der Entwurf sah mehrere Baublöcke vor, die sich über ein beinahe quadratisches Grundstück zwischen Gorki- und Puschkinstraße erstrecken sollten. Die Arbeiten am ersten Block entlang der Ochhotnistraße wurden 1933 begonnen; die riesige Fassade war 160 Meter lang und so hoch geplant, daß sie zwischen zehn und zwölf Stockwerke zu fassen vermochte. Durch seine Position vermittelte dieses hochaufragende, schmale Gebäude einen äußerst dynamischen Eindruck. Aus bestimmten Blickwinkeln besaß es eine Leichtigkeit, die beinahe konstrukivistisch anmutete, was der monumentalen Wirkung jedoch keinen Abbruch tat. Der Höhenunterschied von 11 Metern zwischen mittlerem Bauabschnitt und Flügeln war besonders eindrucksvoll und diente als Modell für die gestuften Hochhäuser, die nach dem Krieg erbaut wurden. Der Innengrundriß, ein zentraler Gang mit Büroräumen zu beiden Seiten und drei Treppenaufgängen, war schlicht und rational. Die Breite des Gebäudes, das sich im mittleren Abschnitt verengte, erinnerte an einen prächtigen Cour d'honneur (Ehrenhof). Blickpunkt der Eingänge waren die Portaltürme; der über dem Haupteingang befindliche ist drei Stockwerke hoch. Den zentralen Bauabschnitt schmückte ein Relief mit dem sowjetischen Wappen – eine Idee, die später häufig nachgeahmt wurde, aber zum damaligen Zeitpunkt völlig neuartig war.

Langmann übernahm persönlich die gesamte Innenraumgestaltung einschließlich der Büros, Foyers, Vortragssäle, Aufzüge, Beleuchtung, Treppengeländer, ja sogar Türen- und Fensterverkleidungen. Dabei bewies er sehr viel Fingerspitzengefühl für die Anforderungen an ein Bürohochhaus, das vom Typus her für Moskau völlig neu war.

1940 veröffentlichte die Architekturakademie der UdSSR ein Buch über den Bau des STO-Komplexes. Der Text scheint eine überarbeitete Version der ausführlichen Beschreibung zu sein, die Langman von seinem Entwurf lieferte. Obwohl es nur wenige rein auf die Architektur beschränkte Kommentare enthält, zeigt es deutlich die Aufmerksamkeit, die er den Details und spezifischen Erfordernissen schenkte. Er fand brillante technische Lösungen für so vielschichtige Probleme wie das Anbringen von Verkleidungen und die Grundsteinlegung in unterirdischen Flüssen und über Metrotunnels. Man schickte sogar Trupps auf die Suche nach einem Gestein, das sich sowohl für die Gestaltung der Innen- als auch der Außenfassaden eignete. Schließlich entschied sich Langman für Protopopow-Kalkstein aus dem Gebiet rund um den Fluß Oka, für Granit aus Karelien und Marmor aus dem Ural. 1934 hieß es in der Presse: »Die Vollendung der beiden riesigen Gebäude in der Ochotnistraße – des Mossowjet-Hotels und der STO-Zentrale – hat diesem Abschnitt der künftigen Moskauer Hauptverkehrsstraße ein völlig neues architektonisches Aus-

Bild 80
Jewgeni Lansere:
Majolika-Paneel in der Eingangshalle der Metrostation Komsomolskaja, Moskau. 1935.
Lansere hatte vor der Revolution als Mitglied der Gruppe »Welt der Kunst« außerordentliche berufliche Erfolge zu verzeichnen. Dieses Paneel zeigt eine Reihe von Komsomolzen bei den Bauarbeiten an der Metrostation. Die Aufmerksamkeit, die dem Detail gewidmet wurde, und die Darstellungweise sind für den Künstler charakteristisch.

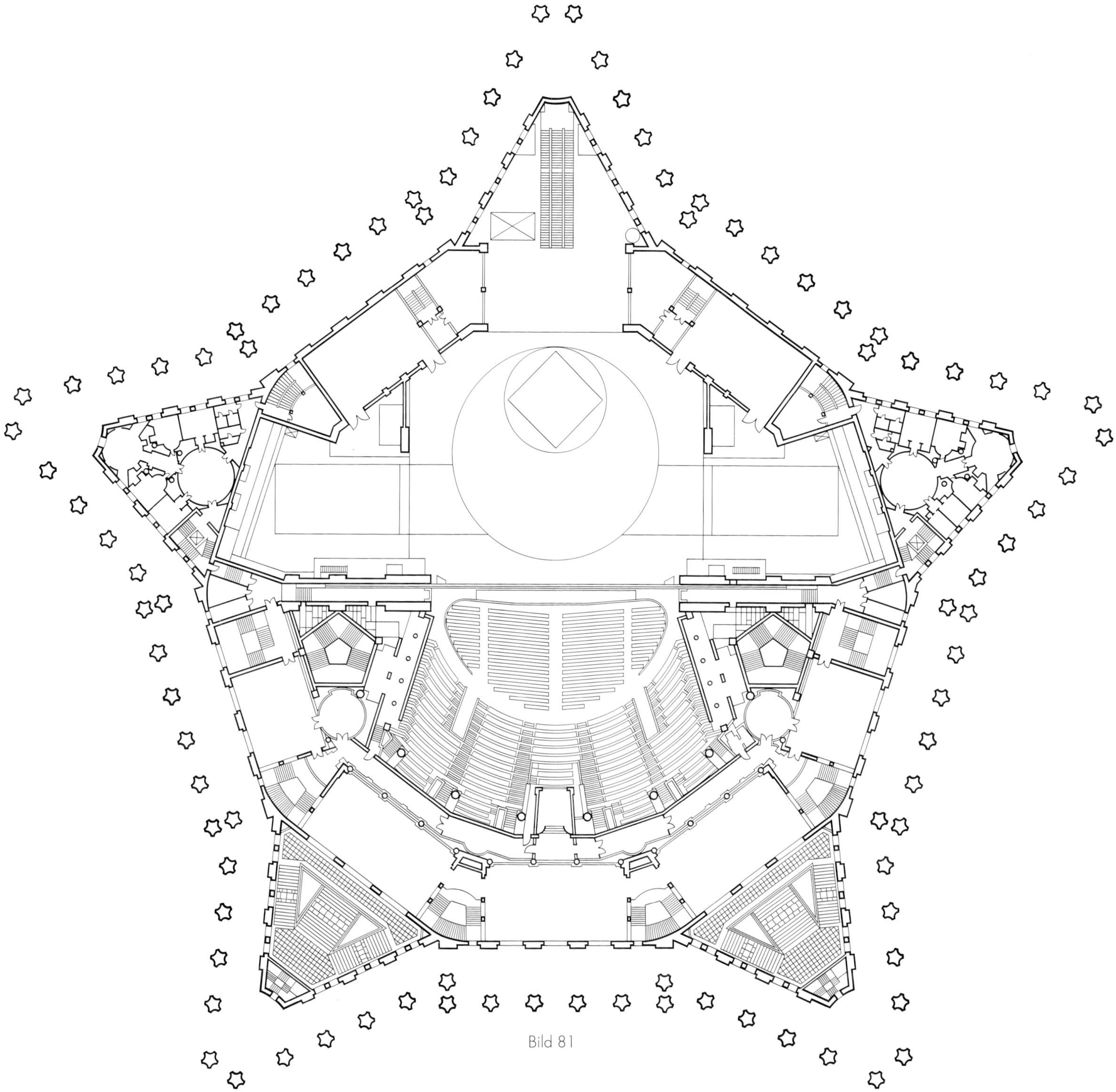

Bild 81

Bild 82

Bild 81, 82
Karo Alabjan, Wassili Simbirzew:
Theater der Sowjetarmee, Moskau.
Grundriß und Entwurf der Ansicht,
1934–1940.
Das Theater der Sowjetarmee wurde ursprünglich nicht als singuläres Gebäude, sondern als Teil eines riesigen Ensembles geplant, in dessen Mittelpunkt der Palast der Sowjets stehen sollte. Der fünfzackige Stern, Symbol der Roten Armee, der sich bei den Säulen wiederholt, hatte symmetrische Form. Es war geplant, eine Durchgangsstraße zu bauen; sie sollte vom Kommuneplatz, auf dem sich das Theater befindet, direkt nach Ostankino führen. In diesem im Nordteil von Moskau gelegenen Ort fand später die Landwirtschaftliche Unionsausstellung statt.

Bild 83

Bild 83, 84
Karo Alabjan, Wassili Simbirzew:
Theater der Sowjetarmee, Moskau.
Details der Säulen und Kapitelle, 1934-1940.
Nicht nur die Säulen des Gebäudes sind in Form eines fünfzackigen Sterns gestaltet, sondern die Symbolik setzt sich auch bei den Kapitellen fort. Hier wurden Früchte und Blumen einer reichen Ernte mit Hammer und Sichel kombiniert.

sehen gegeben.«[14] Das Fundament des Theaters der Sowjetarmee, eines Bauwerks von ähnlicher Größe und vermeintlich ähnlich großer Bedeutung, wurde im Norden Moskaus gelegt. Der Wettbewerb um den besten Entwurf blieb, wie so oft in den 30er Jahren, ergebnislos. Schließlich wurde der Auftrag 1934 an Wladimir Simbirzew und Karo Alabjan vergeben, Vorstandsvorsitzender des Verbandes Sowjetischer Architekten, Cheflektor der Zeitschrift »Architektur der UdSSR« und, nicht minder von Bedeutung, ein Verwandter des Politbüromitglieds Anastas Mikojan. Der von beiden gemeinsam erarbeitete Entwurf hatte die Form eines fünfzackigen Sterns.

Die beiden Architekten berichteten über den Fortgang ihrer Arbeit in Alabjans Zeitschrift: »Das neue Gebäude sollte nicht nur ein Theater, sondern zugleich ein Denkmal für die Rote Armee sein... Als uns die Idee kam, den fünfzackigen Stern – das Symbol der Roten Armee – als Grundlage der Komposition zu verwenden, merkten wir, daß wir die perfekte Lösung gefunden hatten. Wir versuchten, das Thema als Leitmotiv in allen anderen Hauptbestandteilen des Gebäudes zu verfolgen. Die gezackte Kontur des Grundrisses bestimmte die klare äußere Form des umspannten Raumes, wodurch der Bau eine kristallartige Struktur erhält. Die Wände des Theaters folgen der Umrißlinie des Sterns in verschiedenen Winkeln; sie sind der strengen Geometrie der ursprünglichen Form untergeordnet ... und schaffen eine weitläufige räumliche Komposition.«[15] Die Sternstruktur legte natürlich die innere Gliederung des Gebäudes fest und wiederholte sich in vielen Einzelheiten. Selbst die Säulen hatten eine fünfzackige Form. In den »Armen« des Sterns sollten verschiedene Dienstleistungsbereiche untergebracht werden. Der ursprüngliche Entwurf sah einen zweigeschossigen Zuschauerraum und eine Bühne über dem Zentralbau vor. Die Architekten veränderten jedoch die Maße, indem sie die zweite Empore beträchtlich erhöhten und eine abschließende Galerie hinzufügten. Über dem Hauptzuschauerraum (großer Saal) mit einer Kapazität von 1650 Plätzen wurde ein zweiter Rang (kleiner Saal) mit 470 Plätzen errichtet. Das Gebäude sollte von der Figur eines Soldaten gekrönt werden, der einen fünfzackigen Stern in der ausgestreckten Hand hielt.

Durch den Höhenzuwachs stieg das Volumen des Theaters von 150 000 auf 280 000 Kubikmeter an. Dadurch wirkte das Bauwerk um einiges dominierender und von seiner Umgebung gelöster. Es vervollständigte in angemessener Weise die unregelmäßige Form des Kommuneplatzes.

Zur damaligen Zeit wagte niemand, den Theaterbau offen zu kritisieren; Alabjan und Simbirzew besaßen zuviel Macht und Einfluß. Aber später, seit An-

Bild 85, 86
Lew Rudnew:
Theater der Sowjetarmee, Moskau.
Wettbewerbsbeitrag, 1935.
Rudnews Entwurf setzt das Thema »Militär« fort. Panzer krönen die Fassade, und ein Flugzeug – das neue Sinnbild des Krieges – nimmt den Platz ein, an dem sich für gewöhnlich ein zweirädiger Streitwagen oder eine Quadriga befindet.

Bild 87
Dmitri Tschetschulin, A. Tschukow und andere:
Theater des Moskauer Rats der Fachverbände.
Unrealisiertes Projekt, 1934

Bild 85

Bild 86

Bild 87

fang der 60er Jahre, wurde das Theater weithin wegen seiner künstlich wirkenden Strukturen angegriffen. Es schien, als hätten sich die Architekten außerstande gesehen, den genialen sozialistischen Geist zu bändigen, den sie aus der Flasche befreit hatten. Die Sternform verlieh dem Theater einen völlig neuen Symbolgehalt, obwohl die Baumeister es geschickt zu vermeiden wußten, störend in die traditionelle Ordnung eines Theaters mit Zuschauerraum, Bühne, Flügeln und Hinterbühne einzugreifen.

Die technische Ausstattung der Hauptbühne, von Experten des Militärs entworfen, war in der Sowjetunion einzigartig, wenn auch das Konzept, das dem Theater zugrunde lag, sich nicht mit den kühnen Vorstellungen Meyerholds messen konnte. Der riesige Spielbereich hatte einen Umfang von 37,5 x 29,5 Metern und eine Höhe von 33 Metern. Er war mit jeder nur denkbaren technischen Ausrüstung versehen und besaß unter anderem große und kleine drehbare Spielringe, ein kompliziertes System von versenkbaren Parkettscheiben und Hebevorrichtungen, um die Spielebene zu verändern.

Das Theater der Sowjetarmee war ein interessantes Beispiel für ein Konzept, das in viele Entwürfe für den Palast der Sowjets und den Palast der Arbeit Eingang fand: ein von Grund auf umgestaltetes Forum, durch das Tausende von Menschen bei Aufmärschen strömen konnten. Es wurde mit speziellen Rampen ausgestattet, die ganzen Infanterie-, Kavallerie- und Panzereinheiten Zugang zur Bühne gestatten würden. Rampen und Bühne waren stark genug, um das Gewicht eines leichten Panzers vom Typ T-26 (eine Spielart des US-Panzers »Christie«, in der UdSSR Anfang der 30er Jahre in Lizenz hergestellt) zu tragen, der mehr als zehn Tonnen wog. Solche spektakulären Darbietungen sollten zwar nie stattfinden, aber die Wände des Zuschauerraums waren von einem Künstlerkollektiv unter Leitung von Faworski und Bruni verschwenderisch mit militärischen Themen bemalt worden.

Während die Macht der Sowjetunion symbolisch in der zunehmenden Deutlichkeit des Baustils zum Ausdruck kam, boten die Ausstellungen den Architekten ebenso weitreichende Möglichkeiten, sich zu profilieren. 1935 beschloß der Zweite Allrussische Kongreß der Kolchosbauern, 1937 zum Gedenken an den zwanzigsten Jahrestag der Oktoberrevolution eine Landwirtschaftliche Ausstellung der Unionsrepubliken (WSChW) zu organisieren. Man entschied sich für den Standort Ostankino, einen im Nordteil von Moskau gelegenen Ort. Die urprüngliche, zeitlich begrenzte Ausstellung bestand hauptsächlich aus Holzbauten; als jedoch beschlossen wurde, sie zu einer dauerhaften Einrichtung zu machen, änderte man den die Ausschreibung und verschob die Eröffnung auf das Jahr 1939. Die Leistungsschau wurde für so wichtig erachtet, daß der neue Erste Parteisekretär der KPdSU in Moskau, Nikita Chruschtschow, sie zum Thema eines Sonderberichts machte, der dem Obersten Sowjet vorgetragen wurde.

Die Landwirtschaftsausstellung '39 sollte ein Modell des Landes in verkleinertem Maßstab sein; ein Entwurf sah sogar vor, den Grundriß wie eine Relieflandkarte der Sowjetunion zu gestalten. Einer der beiden Plätze auf dem Ausstellungsgelände – der Platz der Nationen – war den Pavillons der verschiedenen Republiken vorbehalten. Hier experimentierte man mit »nationalen« Architekturstilen; die meisten wiesen klassische Form auf, denen z.B. Schmuckelemente aus der belorussischen Volkskunst, armenische Bögen und georgische Kuppeln hinzugefügt wurden.

»Eines Tages im Mai 1934 erwartete der Architekt Alexej Duschkin Mitglieder der Regierung, die eine Besichtigung der soeben erst fertiggestellten Metrostation Palast der Sowjets (heute Kropotkinskaja) vornehmen wollten. Als erster erschien Kaganowitsch vor Ort, der das Bauwerk mit der Bemerkung lobte: ›Genau wie eine Eisenbahnstation!‹ Ihm folgte Woroschilow, der seiner Billigung mit den Worten Ausdruck verlieh: ›Genau wie ein Restaurant!‹ Eine ähnliche Geschichte rankt sich um Molotow. Er besichtigte ein Modell der berühmten Skulpturengruppe ›Arbeiter und Kolchosbäuerin‹. ›Wozu ist der Schal da?‹ fragte der einflußreiche Mann die Bildhauerin. ›Wollen Sie damit andeuten, daß die beiden gerade Schlittschuh laufen?‹ Vera Muchina versuchte, es ihm mit viel Fingerspitzengefühl zu erklären: ›Das ist ein künstlerisches Mittel, um ein Gleichgewicht in der Komposition zu schaffen ...‹ ›Aha, Sie meinen, es verhindert, daß die ganze Sache zusammenkracht!‹ sagte Molotow.«

Bild 88
Vera Muchina:
Arbeiter und Kolchosbäuerin.
Skulptur auf dem Pavillon der UdSSR auf der Weltausstellung 1937 in Paris.
1937.
Die Skulpturengruppe besteht aus zusammengeschweißten Platten aus rostfreiem Stahl. Der Sichtwinkel zeigt die Dynamik der Bewegung und die Ausrichtung nach vorne. Diese Merkmale und das ungeheure Ausmaß der Monumentalplastik sollten den sowjetischen sichtbar vom deutschen Pavillon abheben, der sich in der Nähe befand.

Bild 89

»Unser Städtebauprogramm hat weltweit das größte Ausmaß und erfordert folglich Baumethoden, die sowohl billig als auch schnell sind. Die Anwendung amerikanischer Verfahren wird uns bei dieser Aufgabe beträchtlich unterstützen. In New York, nur drei Häuserblocks von den Straßen entfernt, deren Luxus und Annehmlichkeiten überwältigend erscheinen, liegen die Wohnviertel der Arbeiterklasse. Wie in allen amerikanischen Städten, so empfinden sowjetische Besucher auch den Anblick dieser Elendsquartiere als höchst deprimierend ... Welch augenfälliger Kontrast zu unserer Situation in der Sowjetunion! Unser umfangreiches Wohnungsbauprogramm wird Monat für Monat und Jahr um Jahr erweitert. Jede Partei- und Regierungsentscheidung zielt darauf ab, die Bauprojekte zu beschleunigen und die Kosten zu verringern, ohne gleichzeitig die Qualitätsanforderungen herunterzuschrauben. Die reizvolle Herausforderung, der sich unsere Architekten und Bauingenieure gegenübersehen, liegt darin, für jeden Werktätigen in der Sowjetunion einen behaglichen und anprechenden Wohnraum zu schaffen.«

Boris Jofan: *Das amerikanische Apartment*, Prawda, 29. März 1935.

Der usbekische Pavillon erntete besonders großes Lob. Er stand auf dem Grundriß einer typischen zentralasiatischen Behausung gegenüber einer mit Maßwerk versehenen, schmucken Sommerresidenz, die der ganze Stolz der Ausstellung war. Die extrem hohen und schlanken Holzsäulen wurden von Kapitellen in Form fünfzackiger Sterne gekrönt, während das Dach eine Kombination von zwei gekreuzten Sternen darstellte.
Das Sternmotiv wiederholte sich immer wieder, auch als Schmuck an der Dekke der Metrostation Palast der Sowjets, die von Alexej Duschkin und Jakow Lichtenberg entworfen und 1935 eröffnet wurde. Sie gehörte zu den ersten und eindrucksvollsten U-Bahn-Linien Moskaus und vielleicht zu den größten architektonischen Leistungen der 30er Jahre.
Die Station (später in Kropotkinskaja umbenannt) war als unterirdisches »Foyer« des Palasts der Sowjets gedacht. Die Architekten machten sich die geringe Tiefe zunutze, in der die Bahnschienen verlegt waren, und verwendeten schlanke ägyptische Säulen mit Kapitellen, die Lotosblüten glichen. Eine geschickt angebrachte, indirekte Beleuchtung trennte das Gewölbe rein optisch von den Säulen und verlieh der Metrostation eine märchenhafte, geheimnisvolle Atmosphäre, die den Besucher noch heute gefangennimmt. Barchin nannte sie scherzhaft die »palmenbestandene 150-Meter-Allee«.[16]
Die Metrostation Majakowskaja, ebenfalls von Duschkin entworfen und 1938 in Betrieb genommen, ist nicht weniger interessant. Sie präsentiert sich mehr im klassischen Stil, da Duschkin Bögen und elliptische Gewölbe konstruierte. Die vorgetäuschten Kuppeln im Dach wurden von Alexander Deineka mit Mosaiken ausgelegt; sie zeigen Fallschirmspringer-Wettbewerbe, im Landeanflug befindliche Flugzeuge, Bomberstaffeln und andere Themen, die der militaristischen Gesinnung und den sportlichen Interessen der damaligen Zeit entsprachen. Der rote Stein der Gewölbe ist mit Bändern aus poliertem rostfreiem Stahl geschmückt, die der Architekt in der gleichen Fabrik in Auftrag gegeben hatte, die auch Flugzeuge für die Rote Armee produzierte.
Duschkin selbst beschrieb den Begeisterungstaumel bei der Eröffnung der Metrostation: »Tausende von Menschen, die sich Tag und Nacht auf den Plattformen drängten, gerieten außer sich vor Entzücken. Der Lärm war unglaublich, und es war fast unmöglich, sich einen Weg durch das Gedränge zu bahnen. Ständig herrschte ein Mangel an Gästebüchern für die Kommentare der Besucher ... Das sanfte Licht der Kuppeln steigerte noch die euphorische Stimmung. Das Glitzern des Stahls, als sich der Zug der Station näherte, wirkte atemberaubend. Es war kaum zu glauben, daß man sich tief unter dem Moskauer Erdboden befand.«[17] Und so war die stalinistische Architektur nun sogar bis in die Eingeweide der Erde vorgedrungen.

Bild 89
Boris Jofan:
Pavillon der UdSSR auf der Pariser Weltausstellung.
Entwurf (Skizze), 1936.
Diese grobe Skizze zeigt die Kraft und Schlichtheit von Jofans Konstruktion. Der 1937 gebaute Pavillon hielt sich eng an diese erste Vorlage.

DORF ODER STADT?

Es läßt sich schwer genau bestimmen, wann Stalin seinen phantastischen Plan einer radikalen Rekonstruktion Moskaus faßte. Die ersten Projekte, eine dem Sozialismus angemessene Hauptstadt in ganz neuem Gewand zu schaffen, tauchten jedoch schon kurz nach der Revolution auf, lange vor Stalins Aufstieg zur Macht.

Zunächst war die Suche nach neuen »sozialischen« Ausdrucksformen auf Aktivitäten wie die Errichtung von Monumenten und Gedenktafeln begrenzt, die der neuen politischen Ordnung Nachdruck verliehen. In den 20er Jahren blieb der Moskauer Stadtkern von grundlegenden baulichen Veränderungen verschont. Die neuen Arbeiterviertel in den Randbezirken – Dubrowska, Schabolowska und Dangauerowka – entstanden in größerer Nähe zu den Fabriken; der Wandel im Stadtzentrum beschränkte sich darauf, die bereits bestehenden Wohnkomplexe in kleinere Einheiten zu unterteilen.

Das bekannteste Projekt aus der frühen Periode der Umgestaltung wurde zwischen 1919 und 1923 von Scholtowski und Schtschussew entwickelt. Es trug die Bezeichnung »Neues Moskau« und umfaßte das Stadtzentrum und mehrere Vororte. Die Architekten achteten die bestehenden Strukturen: sie ließen den Kreml und die meisten Sakralbauten im Stadtkern unangestastet, einschließlich der Erlöser-Kathedrale. 1919 beschrieb Schtschussew das Vorhaben mit folgenden Worten: »Es ist geplant, Moskau mit einem Ring von Grünflächen zu umgeben, deren Dimensionen fast bis zum Stadtzentrum vordringen. Zwischen diesen werden sich Gartenvorstädte mit Siedlungen für die Arbeiterklasse entwickeln ... samt allen erforderlichen Einrichtungen wie Schulen, öffentlichen Gebäuden, Banken und Märkten ... Mittelpunkte der Stadt bleiben der Kreml – Symbol Moskaus und der gesamten Russischen Republik – und die Altstadt, die sich in konzentrischen Kreisen an den Kreml anschließt, verbunden durch Boulevards anstelle der alten Festungswälle und Feuerschneisen. Das Panorama wird sich im großen und ganzen nicht verändern, aber es ist vorgesehen, die Radialstraßen zu verbreitern, Privatgärten zusammenzulegen und öffentliche Plätze daraus zu machen, und bestimmte Viertel mit unsanierbaren Behausungen vollständig abzureißen.«[1]

Die Konstruktivisten betrachteten diese Pläne mit Entsetzen. El Lissitzky erklärte: »Diese Utopisten haben den Kadaver Moskaus aus dem 18. Jahrhundert wiederbelebt und das alte Ringkonzept wieder aufgegriffen. Solche lächerlichen Hirngespinste sind in den Archiven geboren worden und werden dort auch sterben.«[2]

Während der Plenarsitzung der KPdSU im Juni 1931 wurden Moskau außergewöhnliche politische und wirtschaftliche Vorrechte zugestanden. Man segnete den Bau der neuen Metro und des Wolga-Moskwa-Kanals ab. In der Resolution »Über die Wirtschaft Moskaus und die Entwicklung der Stadtplanung in der UdSSR« ist diese Haltung erklärt: »Das Plenum der Kommunistischen Partei erachtet es als unannehmbar, daß es keinen Fünfjahresplan für die wirtschaftliche Entwicklung Moskaus gibt und Bauprojekte willkürlich und ohne ein klar erkennbares Gesamtkonzept fortgeführt werden. Das Plenum fordert, daß alle einschlägigen Moskauer Organisationen nun ernsthaft mit der Planung beginnen, die eine Erweiterung der Stadt auf wissenschaftlichen Prinzipien zuläßt.«[3]

Einer der Sprecher bei dieser Plenarsitzung war der Moskauer Parteisekretär Lasar Kaganowitsch, dem die Aufsicht über die Rekonstruktion übertragen wurde. Das letzte Wort bei sämtlichen Entscheidungen behielt sich Stalin

Bild 90
Lew Rudnew:
Ansicht von Moskau, Palast der Sowjets und Umgebung.
Illustration für die Ausstellung anläßlich der Vollversammlung des Verbandes Sowjetischer Architekten, bei der über den Palast der Sowjets diskutiert wurde.

Bild 91
Ansicht von Moskau, Palast der Sowjets und Umgebung

Bild 90

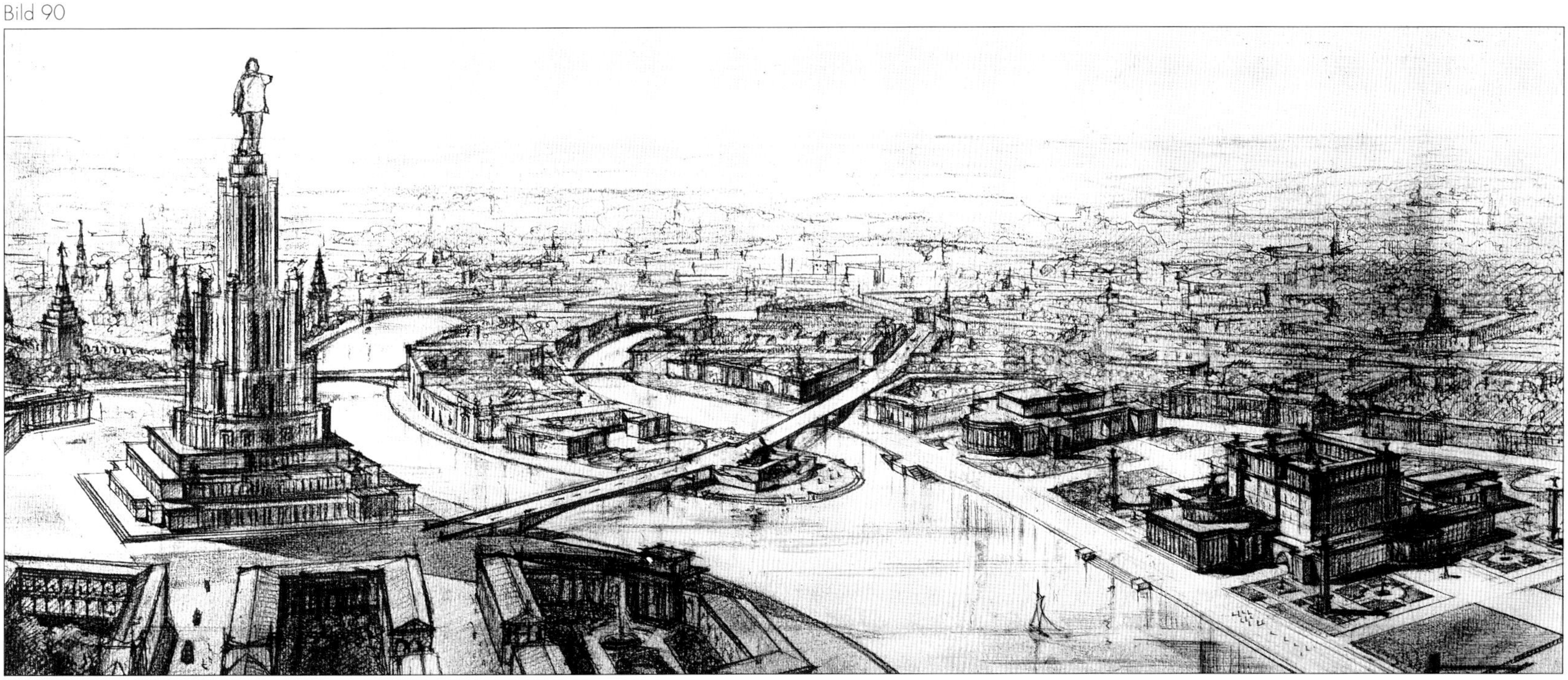

Bild 91

Bild 92

Bild 92, 93
Lew Rudnew:
Das »neue Moskau« mit Blick auf den Palast der Sowjets aus verschiedenen Stadtteilen. Illustrationen für die Ausstellung anläßlich der Vollversammlung des Verbandes Sowjetischer Architekten, bei der über den Palast der Sowjets diskutiert wurde.

Bild 93

natürlich selbst vor. Kaganowitsch listete frühere volkswirtschaftliche Errungenschaften der UdSSR auf und legte besonderen Nachdruck auf die Entwicklung neuer Industriezweige in Moskau: »Vor der Revolution war Moskau für seine zahlreichen Kleinbetriebe bekannt; heute kann sich die Stadt rühmen, eine hochentwickelte Elektro- und Maschinenindustrie zu beherbergen.«[4] Rund zwanzig Fabriken waren in Moskau bereits errichtet oder wiederaufgebaut worden, wodurch sich der chronische Mangel an Wohnraum für die Arbeiter noch verschärft hatte.

1932 wurden die ersten Rohskizzen für Ausbau, Erweiterung und Modernisierung der Stadt Moskau veröffentlicht. Sie stammten aus der städtischen Architektur- und Planungsabteilung, deren Leiter, W.N. Semenow, alle früheren Vorschläge scharf kritisierte. Im Verlauf einer öffentlich geführten, scharfen und oft unsachlichen Auseinandersetzung mit Le Corbusier schrieb Semenow: »Moskau braucht natürlich eine Umgestaltung, aber es sollte weder eine neue Stadt gebaut noch das alte Moskau zerstört werden … Le Corbusiers Entwürfe, die den völligen Abriß Moskaus zur Folge haben würden, sind unannehmbar. Eine Rekonstruktion erfordert drastische Maßnahmen. Ein radikaler Eingriff ist unabdingbar, aber wenn man einen Chirurgen braucht, dann ruft man nicht nach dem Henker.«[5]

Im März 1932 machte sich eine Kommission (die infolge einer Resolution der Moskauer Parteifunktionäre ins Leben gerufen wurde) an die Aufgabe, einen Generalplan auszuarbeiten. Zwei Jahre später, am 28. März 1934, reichten die Planungsabteilungen ihre Entwürfe ein. Am 14. Juni, anläßlich einer Tagung des Zentralkomitees, das nach Semenows Berichterstattung den Generalplan diskutiert und für gut befunden hatte, wurden sie von Stalin höchstpersönlich angesprochen. Laut Kaganowitsch erklärte Stalin, die Haltung der Moskauer Organisationen sei richtig, und der Krieg um die Rekonstruktion Moskaus müsse an zwei Fronten geführt werden. »Wir akzeptieren weder die Ansichten derer, die das grundlegende Prinzip der ›Stadt‹ ablehnen und uns drängen, Moskau in ein riesiges Dorf zu verwandeln, noch die Meinungen jener extremen Vertreter der urbanen Form, die eine Stadt nach kapitalistischem Modell mit ungeheuerer Bevölkerungsdichte schaffen wollen. Die Geschichte hat uns gezeigt, daß die effektivste Wahl des Standorts für Industriegebiete auf der rationalen Verteilung von Entwässerungssystemen, sanitären Einrichtungen, Elektrizität, usw. gründet. … Deshalb ist es falsch, eine Stadt zu entwerfen, die über siebzig oder hundert Kilometer weit auswuchert; sie würde sich dadurch in ein Dorf verwandeln und sämtliche Vorteile kommunaler Dienstleistungen und städtischen kulturellen Lebens einbüßen. Wir sollten Wohnblocks mit mindestens sechs oder sieben Stockwerken errichten und einige öffentliche Gebäude, die bis zu fünfzehn oder sogar zwanzig Stockwerke aufweisen.«[6]

Am 10. Juni 1935 wurde schließlich vom Rat der Volkskommissare und dem Zentralkomitee eine gemeinsame Resolution über den Generalplan für die Rekonstruktion Moskaus veröffentlicht, unterzeichnet von Stalin und Molotow. Am 1. Januar 1933 zählte die Stadt 3 645 000 Einwohner und breitete sich auf 28 250 Hektar aus. Der Generalplan sah vor, diese Fläche auf 60 000 Hektar zu erweitern, so daß die Stadt 5 000 000 Menschen Wohnraum bieten würde. Die größte Bevölkerungsdichte erwartete man im Zentrum und an den Ausläufern des Gartenrings; ansonsten rechnete man mit einer gleichmäßigen Verteilung von 400 Einwohnern je Hektar. Die besten Areale der Stadt – die Kais und Straßen im Zentrum – waren als Wohngebiete projektiert. Die für die Umgestaltung vorgesehenen Regionen befanden sich im Südwestbezirk Moskaus, in Ismailowa und Ostankino. Das Projekt sollte eine Laufzeit von zehn Jahren haben, also Ende der 40er Jahre abgeschlossen sein. Ob sich all diese erklärten Ziele innerhalb des vorgegebenen Zeitrahmens tatsächlich verwirklichen ließen, war höchst zweifelhaft. Im Grunde ging es vielmehr darum, daß ein neuer Plan vorlag, wenn auch nur in grob umrissener Form. Der neue Architekturstil, der bisher nicht einmal für einzelne Gebäude klar definiert war – wie die verworrene Geschichte zeigt, die sich um den Bau des Palasts der Sowjets rankt – wurde nun einer ganzen Stadt oktroyiert.

Ein gewisses Maß an Kontrolle über den Zuzug nach Moskau hatte man mit der Einführung eines neuen Kennkartensystems gewonnen. Kraft einer Resolution, die 1933 während der Neujahrsfeiertage verabschiedet wurde, mußte jeder Bürger im Besitz einer Aufenthaltsgenehmigung sein; ein Stempel in seiner Kennkarte – einer Art Personalausweis – gab seinen Wohnort an. Strikte und noch heute gültige Bedingungen schränkten die Zahl der Personen, die berechtigt waren, in Moskau zu leben, kategorisch ein. Ein Beobachter erklärte: »Das Kennkartensystem, 1933 eingeführt, trug wesentlich dazu bei, Moskau von fremdartigen Elementen und Schmarotzern zu säubern und gestattete die Regulierung des Bevölkerungswachstums.«[7] Trotz dieser Vorkehrungen überstieg der Bevölkerungszuwachs in der Hauptstadt innerhalb weniger Jahre die geplante Anzahl von maximal 5 000 000 Menschen beträchtlich. Die erbitterte Auseinandersetzung zwischen den »Stadtbefürwortern«, angeführt von Leonid Sabsowitsch, und den »Stadtgegnern« mit ihrem Wortführer

Bild 94
Generalplan für Moskau.
1935

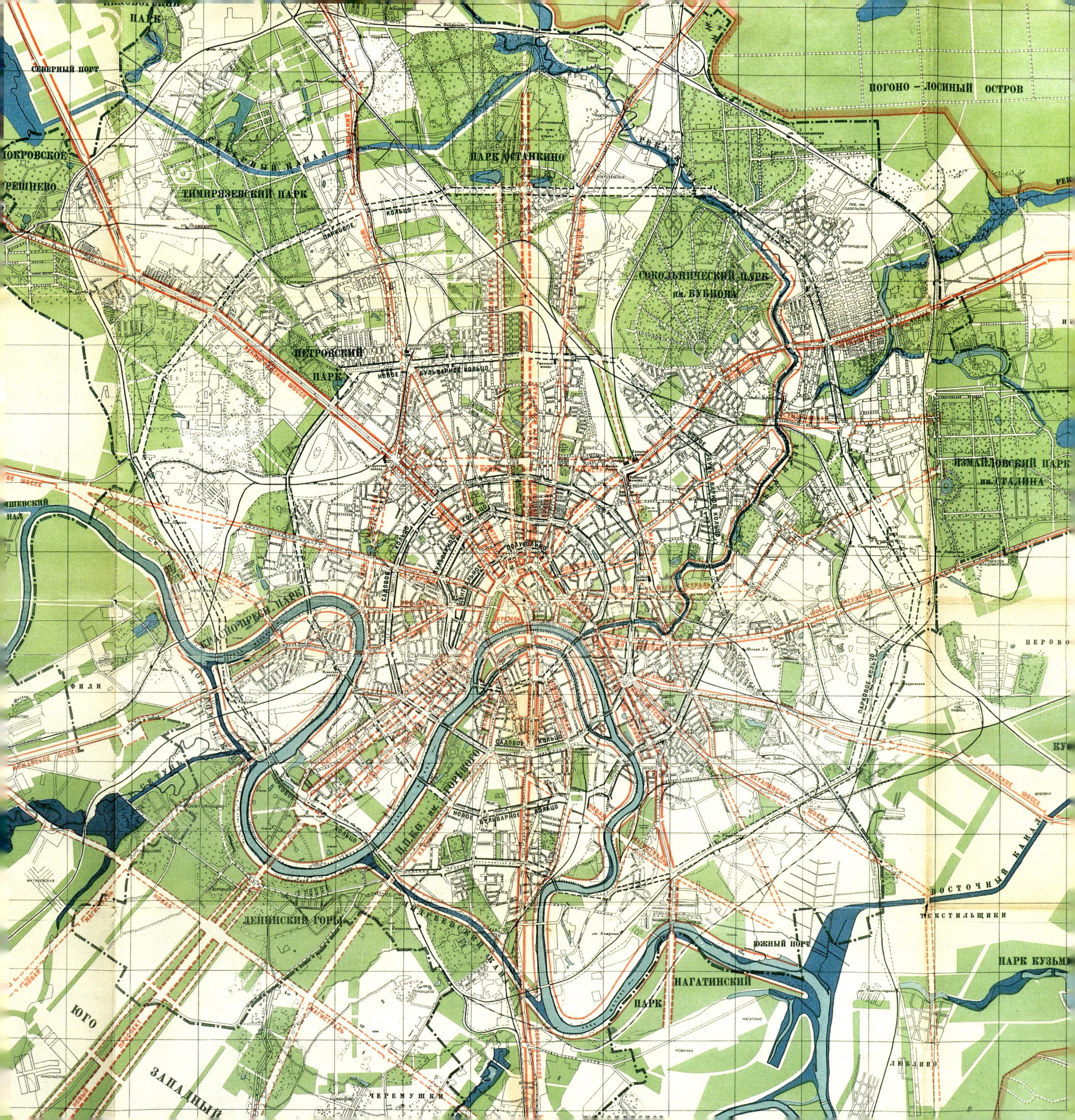

СЕВЕРНЫЙ ПОРТ
ТИМИРЯЗЕВСКИЙ ПАРК
ПАРК ОСТАНКИНО
ПОГОНО - ЛОСИНЫЙ ОСТРОВ
СОКОЛЬНИЧЕСКИЙ ПАРК им. БУБНОВА
ПЕТРОВСКИЙ ПАРК
НОВОЕ БУЛЬВАРНОЕ КОЛЬЦО
ИЗМАЙЛОВСКИЙ ПАРК им. СТАЛИНА
САДОВОЕ КОЛЬЦО
ПАРКОВОЕ КОЛЬЦО
ПЕРОВО
ФИЛИ
ЛЕНИНСКИЕ ГОРЫ
ЮЖНЫЙ ПОРТ
НАГАТИНСКИЙ ПАРК
ВОСТОЧНЫЙ КАНАЛ
ТЕКСТИЛЬЩИКИ
ЛЮБЛИНО
ЧЕРЕМУШКИ
ЮГО ЗАПАДНЫЙ

Leonid Ochitowitsch, die in den 20er Jahren begann und bis in die 40er Jahre andauerte, sollte zur politischen Vernichtung beider Gruppen führen. Die ersten offenen Wettbewerbe für den Moskauer Generalplan, an dem so namhafte Funktionalisten wie Le Corbusier, Hannes Meyer, Ernst Mai und Nikolaj Ladowski teilnahmen, endeten ergebnislos. Als die Arbeit am endgültigen Rekonstruktionsprojekt begann, wurde kein Wettbewerb anberaumt, weil man beschlossen hatte, den Auftrag nur an russische Architekten zu vergeben. Viele Experten halfen, das von Stalin vorgeschlagene »Konzept des Führers« zu entwickeln, obwohl den Politikern dabei merklich größeres Gewicht zukam als den Architekten, die der Architektur- und Planungskommission des Moskauer Stadtrates angehörten.[8] Ihre ideologischen Anweisungen waren schlicht formuliert: »Moskau ist die Rote Hauptstadt der Sowjetunion, in der das warme Herz der Revolution mit Inbrunst schlägt und allen ausgebeuteten, unterdrückten Menschen die Freiheit bringt. Die revolutionären Kämpfer in der ganzen Welt müssen ihr sozialistisches Vaterland im Roten Moskau finden.«[9]
Mitte der 30er Jahre gelangte das Konzept eines vollständig neuen Moskau über die Theorie nicht hinaus. Fotografen und Maler, die bemüht waren, im damaligen Stadtgefüge mit seinen prachtvollen Residenzen aus der Zarenzeit, den Wohnkomplexen und den Holzbauten in den Vororten einzelne charakteristische Merkmale der laut Generalplan versprochenen neuen Metropole zu entdecken, schienen sich bei ihrer Motivsuche unweigerlich für denselben kleinen Bereich zu entscheiden: die ehemalige Ochotnistraße, aus dem Blickwinkel des Theater- oder des Manegeplatzes betrachtet. Hier setzten das STO-Gebäude und der erste Block des Hotels Mossowjet einen völlig neuen Maßstab für Moskau. Es war kein Zufall, daß beispielsweise Juri Pimenow eben diese Stadtlandschaft als Motiv für sein 1937 entstandenes Gemälde »Das neue Moskau« wählte. Auch die Gorkistraße mündet in den Manegeplatz, und Scholtowskis Gebäude an der Mochowajastraße und die Lenin-Bibliothek sind nur einen Steinwurf entfernt. Dieses Viertel bietet eine Anordnung von Architekturmodellen, die sich um den Kreml gruppieren.
Der Generalplan sah keinen bestimmten Namen für die riesige neue Hauptverkehrsstraße vor, die quer durch Moskau verlaufen sollte; man bezeichnete sie einfach als »Novy Prospekt«. Der Hauptabschnitt sollte vor dem Palast der Sowjets enden, während sich ein zweites Teilstück zu den Lenin-Bergen hinzog. »Der neue Prospekt wird am Kreml und einigen architektonisch wichtigen Bauwerken (Universität und die neue Lenin-Bibliothek) vorbei zum Palast der Sowjets führen, dem prächtigsten Gebäude unseres Zeitalters.« Dieser zentrale Bereich, einer der wichtigsten der Hauptstadt, wurde als Szenerie für den reifen stalinistischen Stil betrachtet, der sich wie ein Phönix aus den Ruinen der alten Fassaden an der Gorki- und Ochotnistraße erheben sollte.
Mit dem Generalplan verfolgte man einen wesentlich vielschichtigeren Zweck als die Rekonstruktion der Stadt. Sämtliche Regierungsmaßnahmen in der stalinistischen Ära waren auf den Aufbau einer vollkommenen Gesellschaft gerichtet, die als Ergebnis von zwei gundlegenden Vorbedingungen entstehen sollte: die uneingeschränkte Zentralisierung der Staatsgewalt und die vollständige Abschottung Rußlands von der Außenwelt. Es gab jedoch noch weitere Voraussetzungen für die Entwicklung einer Mustergesellschaft dieses Zuschnitts: ihre Mitglieder mußten sorgfältig überwacht, auf ihre Eignung überprüft und zahlenmäßig beschränkt werden. Besondere Aufmerksamkeit galt

Bild 95

Bild 95
Leonid Teplizki:
Metrostation Arbatskaja, Moskau.
1935 fertiggestellt

Bild 96
Ilja Golossow:
Metrostation Krasnje Worota, Moskau.
Detail der Haupthalle und Rolltreppen,
1934

Bild 97
Dmitri Tschetschulin:
Metrostation Stalin-Stadion, Moskau.
Unrealisiertes Projekt, dritte Variante

Bild 96

Bild 97

Bild 98

Bild 99

Bild 98
Wladimir Gelfreich, I. Roschin, G. Motowilow:
Metrostation Elektrosawodskaja, Moskau
Unterirdische Halle, die zu den Plattformen führt, 1944.
Obwohl erst in einer späteren Phase des Metrobaus fertiggestellt, weist diese Station viele Merkmale ihrer Vorgängerinnen auf, wie ein Vergleich mit Abb. 99 und 100 zeigt. Im allgemeinen waren die später errichteten Stationen barocker in Stil und Ornamentierung.

Bild 99
Dmitri Tschetschulin:
Metrostation Kiewskaja, Moskau.
Hauptbahnsteig, 1938

Bild 100
Alexej Duschkin:
Metrostation Majakowskaja, Moskau.
Hauptbahnsteig, 1936.
Die Bögen sind mit rostfreien Stahlstreifen verblendet, kombiniert mit farbigem Marmor. Das Gewölbe der Stationen ist in kleine Abschnitte mit Kuppeldach unterteilt, die von unten angeleuchtet sind. Dadurch vermittelt diese Station, die zu den tiefstgelegenen gehört, ein Gefühl lichtvoller Geräumigkeit.

Bild 100

es, der Verteidigung der »idealen Stadt« zu widmen (diese Idee war keineswegs neu: die Sonnenstadt, die der Philosoph Tommaso Campanella in seinem Werk »La città del sole« beschrieb, war von sieben Reihen Festungsmauern umgürtet, und das »Utopia« des englischen Staatsmanns und Humanisten Thomas More befand sich auf einer Insel). Großes Gewicht sollte auch der präzisen Formulierung der Gesetze und der Entwicklung einer staatsbürgerlichen Ordnung beigemessen werden. Der Generalplan für Moskau spiegelt diese Überlegungen wider, wie auch die später für andere Städte entworfenen. Er enthält die meisten Merkmale, die von Linch als charakteristisch für politische Systeme dieser Art aufgezeigt wurden: »Eine axiale Straßenführung für rituelle Aufmärsche; eine geschlossene Einzäunung der Stadt mit stark befestigten Öffnungen; die Vorrangstellung erbaulicher Rhetorik gegenüber irdischen Belangen, und der Masse gegenüber dem Individuum; die sakrale Beschaffenheit eines architektonischen Richtpunktes; und das besondere Gewicht, das den Himmelsrichtungen auf dem Kompaß beigemessen wird (Norden = kalt; Süden = warm; Osten = Symbol für Geburt und Neubeginn; Westen = Niedergang und Tod). Wir können auch die hierarchische Ordnung des Raumes beobachten: Symmetrie zur Linken und Rechten, als Ausdruck der Polarität und des Dualismus; die Erhaltung von Wahrzeichen an strategisch wichtigen Punkten als eine Methode, um die Dominanz eines weitläufigen Bereichs sichtbar hervorzuheben ...«[10]

Schon in den 20er Jahren hatte Lunatscharski die typische sozialistische Stadt mit folgenden Worten beschrieben: »Im Zentrum, auf dem Hauptplatz ... werden sich alle Bauwerke befinden, die das lebendige Herz der ganzen Stadt umfassen; hier findet man die größte Vielfalt an Architekturformen, den baulichen Schwerpunkt der Stadt. Breite Prachtstraßen und Ringe breiten sich von diesem Brennpunkt aus, durchsetzt mit Gärten, Boulevards, öffentlichen Plätzen und prachtvollen Teichen, Seen und Brunnen.«[11] Und Leonid Sabsowitsch, Architekt und Theoretiker der urbanen Bewegung der 20er Jahre, erklärte: »Sozialistische Städte sollten in einem verhältnismäßig verdichteten Bereich in Form eines offenen Rechtecks, Kreises oder Dreiecks errichtet werden«.[12] Diesem Ansatz folgte man während der stalinistischen Ära mit peinlicher Genauigkeit. Im Verlauf des Rekonstruktionsprozesses erhielten die meisten Städte klar abgegrenzte Zentren; in den wenigen Fällen, wo dies nicht möglich war, siedelte man wichtige Regierungsgebäude entlang der Hauptverkehrsstraßen an. Die Stadtgrenzen wurden von markanten Eisenbahnstationen und, sofern es Wasserwege gab, von Kais und Hafenbecken bestimmt, und innerhalb dieser Abgrenzungen war das Leben gemäß den Regeln der perfekten sozialistischen Stadt organisiert.

Diese Ideale fanden lebhaften Niederschlag im Moskauer Generalplan. Nikolaj Ladowski hatte eine Parabolform für die Stadt entworfen, und andere Architekten ein ebenmäßiges Rastersystem ausgearbeitet. Aber wie es der Zufall wollte, kam der historisch gewachsene Grundriß der Hauptstadt den ästhetischen Vorstellungen der Utopisten am meisten entgegen. Der Plan weitete sich aus und vervollständigte die bereits bestehende, unregelmäßige Radialring-Struktur. Er sah eine neue Anordnung von radialen Straßenzügen und Ringen für die Innenstadt und Verteilerringe für den Fernverkehr vor. Auf dem Moskauer Stadtplan sehen die roten Linien, mit denen die neuen Schnellstraßen gekennzeichnet sind, wie eine primitive Kinderzeichnung aus, die das feinverästelte Netzwerk der alten Straßen überlagert. Sie vermitteln den Eindruck, als hätten die Verantwortlichen die Größenordnung verändert; beim neuen Plan benutzte man statt des urprünglichen Maßstabs 1:3000 den Maßstab 1:1000. Die Ergebnisse waren spektakulär, aber irreführend. Die Gorkistraße, mit neunzehn Metern die breiteste Moskaus, vergrößerte man auf vierzig und an einer Stelle sogar auf 128 Meter Breite.

Besondere Aufmerksamkeit widmete man dem Moskauer Stadtkern. Zunächst sollte dem Palast der Sowjets, der sich noch in der Planung befand, ein Ehrenplatz zukommen. Später rückten der Kreml, der zum damaligen Zeitpunkt eine »Verbotene Stadt« war (der freie Zugang ist erst seit der Amtszeit Chruschtschows gestattet), der Rote Platz und das Lenin-Mausoleum in den Brennpunkt, von dessen Tribüne Stalin Militärparaden abnahm und Aufmärsche verfolgte. Es war nicht möglich, Moskau mit den hohen Festungsmauern zu umgeben, die Campanella zweifellos empfohlen hätte, denn die Stadtgrenzen lagen eindeutig fest. Besondere Architekturensembles, wie das Kaluga-Tor (heute Gagarin-Platz), sollten den Beginn des »geheiligten Bezirks« der kommunistischen Hauptstadt markieren. Die Theorie eines städtischen Utopia war nicht die einzige Quelle der Inspiration für das »neue Moskau«. Das Konzept der Gartenstadt, von dem Engländer Ebenezer Howard gegen Ende des neunzehnten Jahrhunderts entwickelt, erfreute sich in Rußland schon in der Zeit vor der Revolution allgemein großer Beliebtheit. »Im Moskau der Zukunft – einer Stadt der zufriedenen Menschen, von denen man in der Vergangenheit nur in utopischen Romanen zu träumen vermochte – werden Gärten, Parks, baumbestandene Prachtstraßen, Teiche und Springbrunnen einen großen Teil des Raumes einnehmen«, schrieb Alexander Wlassow.

Fünf Grüngürtel – der am weitesten vom Zentrum entfernte mit einem Radius von fünfzig Kilometern – würden, wie man hoffte, einen gewissen Schutz gegen das grausame Moskauer Klima bieten. In der Stadt selbst sollten Grünanlagen und Parks zwischen dreißig und vierzig Prozent der gesamten Fläche bedecken. Weitläufige Gärten mit Weihern und Brunnen waren für die Höfe der Wohnblocks und Wintergärten für die herausragenden Bauensembles geplant. Die Rolle des Wassers in der Hauptstadt bedachte man mit besonderer Sorgfalt: Wie im antiken Rom wurde Wasser zum Symbol der Lebenskraft Moskaus. Zwei schmale Ringkanäle sollten den nördlichen Teil der Stadt umschließen; der kleinere würde die Jausa mit dem Chimki-Stausee verbinden, während der größere in den Südhafen mündete. Die Moskwa wurde begradigt, um den Schiffen die Durchfahrt zu erleichtern.

Vorrang vor allen anderen Projekten besaß jedoch die Errichtung gigantischer Wasserstraßen, die alle größeren Flüsse im europäischen Teil Rußlands untereinander und mit Moskau verbinden sollten. Als erstes wurde der 120 Kilometer lange Moskwa-Wolga-Kanal (später Moskaukanal) von Zwangsarbeitern gebaut und 1937 fertiggestellt. Er gestattete eine Regulierung des Wasserspiegels der Moskwa, so daß sie nun sogar von den größten Flußschiffen befahren werden konnte. Nach dem Krieg, 1952, sollte ein weiterer Kanal, der Wolga und Don miteinander verband, in Betrieb genommen werden. In Rußland erhielt Moskau den Beinamen »Hafen der fünf Meere«, denn fortan war es möglich, das Weiße, Schwarze, Asowsche und Kaspische Meer und die Ostsee, die den europäischen Teil der Sowjetunion umschlossen, ausschließlich auf dem Wasserweg zu erreichen.

Bild 101

Bild 102

Bild 101
Alexej Ruchlijadew:
Nordhafen, Moskau.
1937.
Der Hafen war Ausgangspunkt für das gewaltigste Werk der stalinistischen Zeit – den Bau des 120 Kilometer langen Moskwa-Wolga-Kanals. Die Turmspitze erinnert an die Admiralität in Leningrad. In den 30er Jahren sah man dieses Architekturmerkmal außerordentlich selten; nach dem Krieg kam es in Mode und schmückte Bauwerke aller Art. Die Fassaden sind mit Majolika-Medaillons geschmückt, die weitere Errungenschaften dieser Ära zeigen, unter anderem das Hydroelektrizitätswerk am Dnjepr und den Palast der Sowjets.

Bild 102
Dmitri Tschetschulin:
Metrostation Dynamo, Moskau.
1938 fertiggestellt

Aber nun zurück zum Generalplan: er wurde nur in bestimmten Bezirken der Stadt verwirklicht, zum Beispiel im Viertel rund um die Erste Meschchanskajastraße (heute Friedensprospekt) und die Große Kalugastraße. Arkadi Mordwinow entwarf eine Art Musterfassade, die eine Reihe von Variationsmöglichkeiten zuließ, mit denen die Gebäude in den rekonstruierten Stadteilen nun ausgestattet wurden. Die Abrißarbeiten erfolgten jedoch wesentlich schneller als der Wiederaufbau. Mitte der 30er Jahre hatte Moskau einige seiner hervorragendsten Architekturdenkmäler verloren. »Angespornt von der grenzenlosen Energie und Einsatzbereitschaft des Genossen Kaganowitsch nehmen Arbeiter, Bauhandwerker, Ingenieure und Architekten Tag für Tag die Straßen, Plätze, Sackgassen und Gesteinsruinen des alten Moskau in Angriff«,[13] schrieb Alabjan begeistert. Der Sucharew-Turm und die Roten Tore waren zum Abriß bestimmt, und die uralten Festungsmauern von Kitaigorod, ehemals Handels- und Handwerkerviertel im Nordosten des Roten Platzes, wurden abgetragen. Bruchstücke von mehreren zerstörten Kirchen, einschließlich der Erlöser-Kathedrale – aber auch ganze Dächer, Verschalungen, Tür- und Fensterstürze oder Eingangstore – verbrachte man in das Architekturmuseum des Donskoi-Klosters. Hier wurde das Gestein in die Mauer des großen Friedhofs eingefügt; das Kloster wurde so zu einer Totenstätte der Architektur, die bis heute erhalten ist.

Gußeisenrohlinge und andere Einzelteile von Bowes Triumphbogen, 1837 vollendet, stellte man ebenfalls zur Besichtigung aus. Das Monument wurde 1968 am Kutusow-Prospekt wiedererrichtet – das einzige, das auf diese Weise seine Wiedergeburt erlebte. Anderen Kulturdenkmälern Moskaus erwies man weniger Achtung. Schon 1921 wurde in einem offiziellen Dokument von der Besorgnis einer Gruppe von Fachleuten berichtet, die an der Kirche des Wunders im Kreml Konservierungsarbeiten durchführte und eines Morgens entdecken mußte, daß sich das Bauwerk über Nacht in eine Schutthalde verwandelt hatte.[14]

Als die Sowjetunion in den Zweiten Weltkrieg eintrat, wurde die Realisierung des Generalplans eingestellt. Einige Projekte, z.B. die Errichtung von Metrostationen, setzte man fort, aber alle anderen größeren Rekonstruktionsarbeiten in der Stadt fanden ein Ende. Nach dem Krieg begann eine neue Periode der Bautätigkeit. 1947 wurde beschlossen, mehrere Hochhäuser zu errichten, um den in Moskau verstreuten, bereits umgestalteten und modernisierten Stadtvierteln einen hinlänglich einheitlichen Anstrich zu geben. Sie sollten den Palast der Sowjets einrahmen, aber am Ende dienten diese Konstruktionen als Ersatz für den geplanten Prestigebau.

Der 1935 ausgearbeitete Generalplan beeinflußte die Moskauer Stadtarchitektur bis in die 70er Jahre. 1965 genehmigte Chruschtschow die Grundsteinlegung für den Neuen Arbat (einer der ältesten Stadtteile Moskaus und Quartier der Maler, Literaten und Schauspieler) nach den im Plan skizzierten Richtlinien, obwohl er sich normalerweise stets begeistert daran beteiligte, das architektonische Vermächtnis Stalins vom Erdboden zu tilgen. Und erst in jüngster Zeit wurde der Nowokirowski-Prospekt vollendet, das letzte Relikt des »Neuen Moskau«.

»Ich würde es vorziehen, wenn unsere Literatur unsere Feinde nicht als Ungeheuer darstellte, sondern als menschliche Wesen, die ihre ganze Kraft gegen unsere Gesellschaft aufbieten. Selbst ein Schurke hat noch seine versöhnenden Eigenschaften: es muß irgendjemanden geben, den er liebt oder achtet, für den er sein Leben zu opfern bereit wäre. Ich würde es begrüßen, wenn unsere Schriftsteller unsere Gegner auf diese Weise schilderten – als starke Widersacher. In welchem Licht werden wir einst dastehen, wenn sich nach all den Schmähungen, dem Klassenkampf, der erbitterten Fehde zwischen Kapitalismus und Sozialismus herausstellen sollte, daß wir eine Horde von Schwächlingen besiegt haben? Unsere Feinde warteten ebenfalls mit lautstarken Worten auf, wie schwach sie auch immer waren. Fanden sich in ihren Reihen tatsächlich keine starken Männer? Warum sollte man beispielsweise Bucharin, obwohl er ein Verbrecher war, nicht als menschliches Wesen darstellen? Auch Trotzki ist unser Feind, obgleich zweifellos ein Mann mit Begabung; man sollte ihn also durchaus als Feind beschreiben, aber nicht ohne einige positive Charaktereigenschaften zu erwähnen.«

(Josef Stalin: *Auszug aus einer Rede anläßlich der Konferenz über die Gesetzmäßigkeiten des Lebens in der Filmkunst*, 9. September 1940).

Bild 103
Alexej Duschkin:
Metrostation Ploschtschad Revoljuzii (Revolutionsplatz), Moskau.
Halle, 30er Jahre

Bild 104
Ilja Golossow:
Metrostation Krasnje Worota, Moskau.
1934

Bild 103

Bild 104

Bild 105

Bild 105
Dmitri Tschetschulin:
Staatliches Akademisches Bolschoi-Filmtheater, Moskau.
Unrealisiertes Projekt, 1936.
Dieses Bauwerk sollte gegenüber dem Bolschoi-Theater entstehen, hinter dem Hotel Moskwa. Daß man den Filmpalast vis-à-vis dem weltberühmten Theater zu errichten plante, zeigt, welche Bedeutung man Lenins Aussage beimaß: »Von allen Künsten ist die Filmkunst für uns die wichtigste.« Interessanterweise wurde der Entwurf so angelegt, daß sich das Gebäude harmonisch in seine Umgebung fügt. In der Architektur der damaligen Zeit war es eher üblich, das Umfeld dem neuen Bauwerk anzupassen, als umgekehrt.

Bild 106

Bild 106
Dmitri Tschetschulin:
Aeroflot-Gebäude, Moskau.
Unrealisiertes Projekt, undatiert.
Tschetschulin gelang es schließlich, diesen Entwurf in einer anderen Gestalt zu realisieren: Das Haus der Sowjets der RSFSR (des Russischen Parlaments, im Volksmund »Weißes Haus« genannt), 1981 fertiggestellt, folgte ihm in nahezu allen wichtigen Aspekten. Die Details wurden jedoch anders ausgeführt, und statt des Flugzeugs befindet sich eine Turmuhr auf dem Dach.

Bild 107

NEUE STÄDTE NACH DEM KRIEG

»Man hat den erschreckenden Eindruck, als läge ein ganzer Mikrokosmos in Trümmern. Es ist eine Sache, zu erfahren, daß ungefähr 500 Steinhäuser und 2 500 Holzhäuser zerstört worden sind – man stelle sich eine Provinzstadt vor, und nicht einmal eine sehr große – und eine ganz andere, wenn man 3 000 formlose Haufen aus zerschmettertem Gestein und Zement zu Gesicht bekommt. Die Gedanken wirbeln dir im Kopf herum, die Augen trüben sich … und man bricht vor Mitleid und Schmerz in Schluchzen aus.«[1] Boris Pasternaks leidenschaftlicher Gefühlsausbruch, der im November 1944 unter der Überschrift »Ein Besuch bei der Armee« in einem Zeitungsartikel veröffentlicht wurde, war die Folge einer Reise, die ihn durch Orel, Karatschew, Mtsensk und Kaluga führte. Er hätte die gleichen Worte über Kiew, Minsk, Woronesch, Smolensk, Nowosibirsk, Kertsch und jede der 1 710 sowjetischen Groß- und Kleinstädte schreiben können, die in den Kriegsjahren zerstört worden waren. Es war die erste Erfahrung der Menschheit mit einer Verwüstung von so ungeheurem Ausmaß. Der Bombenteppich, der 1937 auf Guernica niederging und den Zeugen der Zeit so unglaublich grauenvoll erschien, war nur der Vorläufer noch schrecklicherer Vernichtungswellen und Verluste.

In Rußland begannen die Rekonstruktionsarbeiten in den Städten schon früh, nämlich im ersten Kriegsjahr. Im Februar 1942 wurde eine Wiederaufbau-Kommission gegründet, die dem Verband Sowjetischer Architekten unterstand. Eine ihrer Aufgaben bestand darin, »Architektengruppen zu entsenden, um den Kommunalverwaltungen bei der Durchführung von Aufbauprojekten in jenen Örtlichkeiten zu helfen, die von den deutschen Besatzungstruppen zerstört worden sind.«[2] Die führenden Architekten der damaligen Zeit waren somit in der Lage, sich aus eigener Anschauung ein Bild vom Ausmaß der Zerstörung und vom Zustand jener Gebäude und Monumente zu machen, die der Krieg bisher verschont hatte.

Im Oktober 1943 schrieb der Vorsitzende des Präsidiums des Obersten Sowjets der UdSSR, Michail Kalinin, einen offenen Brief an Mordwinow, den Vorsitzenden der Kommission für Architektur und Bauwesen: »Die sowjetischen Architekten sehen sich einer einmaligen Situation gegenüber: Pläne in einer beispiellosen Größenordnung werden nun tatsächlich verwirklicht.«[3] Diskussionen darüber, wie die wiederaufgebauten Städte im einzelnen aussehen oder auf welche Weise und in welcher Reihenfolge die Arbeiten durchgeführt werden sollten, waren schon seit einiger Zeit im Gange. Viele Architekten mit Sinn für das Praktische sprachen sich für die Errichtung bescheidener, provisorischer Unterkünfte aus: kleine Häuser aus genormten Fertigteilen, die für Standard-Projekte ausgelegt waren, daneben Wohnwagen und Wohnanhänger. Ähnlich hatte man mit dem Wiederaufbau Europas begonnen, das in Schutt und Asche lag.

1943 schlug der ebenso wortgewaltige wie streitbare Andrej Burow vor, alle wichtigen Bauprojekte vorübergehend einzustellen und amerikanische Produktionsanlagen für genormte Fertigbauteile nach Rußland zu importieren. Eine vergleichbare Strategie hatte man mit dem Kauf von Ford-Traktorenfabriken zu dem Zeitpunkt verfolgt, als die Kollektivierung der landwirtschaftlichen Betriebe in Angriff genommen wurde.[4]

Die Diskussionen fanden ein jähes Ende, als am 10. Oktober 1943 ein Artikel von Kalinin in der Zeitung »Iswestija« unter der Überschrift »Ein großes Problem für unser ganzes Volk« erschien. »Der Feind hat schreckliche Zerstörungen angerichtet. Manche Städte, wie beispielsweise Stalingrad, wurden nahezu

Bild 107
Alexander Laktionow:
Ein Brief von der Front.
1947.
Sämtliche patriotischen Elemente sind in diesem Gemälde vereinigt – der verwundete Soldat, die arme, aber fröhliche Familie und das Gemeinschaftsgefühl, das die friedliche Dorfszene jenseits der Tür vermittelt

vollständig vernichtet und müssen neu aufgebaut werden. Die unvermeidliche Frage ist nur: wie?
Es besteht die Möglichkeit, die Gebäude wieder genauso zu errichten, wie sie vorher waren. Oder wir können das Design noch einmal ganz neu durchdenken, und für dieses Ziel sollten unsere Bauhandwerker und Architekten unserer Ansicht nach ihre ganze Kraft einsetzen. Vorrang gebührt dabei einer genauen Überprüfung der Realisierbarkeit vorhandener Stadtpläne.
Man könnte einwenden, daß sich die Rekonstruktion durch eine völlige Neuplanung der Stadt kompliziert und verzögert, was uns einige Opfer abverlangen wird. Dem stimme ich zu, aber dennoch halte ich die Neuplanung für richtig. Städte werden gebaut, damit sie die Jahrhunderte überdauern; deshalb ist es unerläßlich, daß sie funktional und praktisch angelegt sind. Dieser Erneuerungsprozeß wird keine Materialien erfordern, an denen derzeit Mangel herrscht, und es gibt mehr als genug Architekten, die für diese Aufgabe zur Verfügung stünden.«[5]
In diesem Sinn wurde das neue Architekturprogramm von der Regierung festgelegt und auf den Weg gebracht. Es sollte nicht auf den Wiederaufbau beschränkt bleiben, sondern zielte auf eine grundlegende Neugestaltung aller größeren Städte nach den Idealvorstellungen des Generalplans ab, der 1935 für Moskau entworfen worden war. Zu diesem Zeitpunkt hatte Kalinin in der Machthierarchie des Kreml weder die zweit-, ja nicht einmal die drittwichtigste Position inne, aber seine Wünsche galten als ehernes Gesetz, auch wenn sie inoffiziell, in Form eines offenen Briefes, geäußert wurden.
Im Dezember hielt Mordwinow einen Vortrag auf der sechsten Konferenz der Architekturakademie. Sein Referat mit dem Titel »Die künstlerischen Probleme der sowjetischen Architektur«, das unmittelbar danach in Buchform veröffentlicht wurde, umriß Kalinins Programm genauer. Seine Ansicht, die neuen Städte müßten monumentalen Charakter besitzen, und die Betonung des künstlerischen Aspekts in der urbanen Planung kamen durch die Übertragung in die Sprache der Architektur klarer zum Ausdruck. »Die natürlichen, strukturbedingten Vorteile einer bestimmten Lage – beispielsweise ein breiter Fluß, Meeresküste, Berge oder große Baumbestände – können durch architektonische Mittel und Möglichkeiten nutzbar gemacht, hervorgehoben und verstärkt werden«, sagte Mordwinow. Er befürwortete den Entwurf einer Stadt, in dem der zentrale Platz, die Hauptverkehrsstraße und die Eisenbahnstation zu einem räumlich geschlossenen, nach strengen Maßstäben gestalteten Ensemble zusammengefaßt waren.
Die in Wohnvierteln gelegenen Straßen und die Stadtrandgebiete durften dagegen freier strukturiert werden. Das beherrschende Element in der Silhouette dieser Reißbrett-Stadt würden Hochhäuser sein, die als Sitz von Verwaltungen gedacht waren. Die vorhandenen Architekturmonumente sollten den jeweiligen Zeitgeist für die Nachwelt bewahren, während die neuen Repräsentationsbauten der Erinnerung an diese Epoche frischen ideologischen Gehalt einflößen würden.
Das Bedürfnis, alle diese unzusammenhängenden Elemente städtischen Lebens nahtlos in ein Gesamtbild einzufügen, wurde hervorgehoben – »Bekleidung, Mobiliar, Ausrüstungsgegenstände, Innendekoration, Gebäude, Straßen, Parkanlagen und die Stadt als ganzes, alles muß schön sein« – und als Herausforderung für die Zukunft betrachtet, der man sich jedoch durchaus gewachsen fühlte. Der klassische Formenkanon der Architektur sollte auf breiter Ebene Anwendung finden: »Bedeutende architektonische Leistungen erfordern Bauwerke von einer Art, die nicht nur von praktischen Notwendigkeiten diktiert wird ...« Und schließlich verknüpfte Mordwinows Rede ästhetische Grundsätze mit der vorgeschriebenen »korrekten« Denkweise: »Künstlerische Probleme müssen in der Stadtplanung ebenfalls berücksichtigt werden, denn nur ein Plan kann sowohl die Schönheit einer Stadt als auch ihre richtige Entwicklung gewährleisten.«[6]
Die Architekturakademie wurde mit der Aufgabe betraut, detallierte Pläne für fünfzehn der ältesten russischen Städte zu entwerfen und für andere Städte Empfehlungen auszuarbeiten. Die Entwürfe für Smolensk, Jalta und Woronesch aus den Ateliers von Georgi Golz, Andrej Burow und Lew Rudnew verdienen besondere Aufmerksamkeit. 1935 war der Moskauer Generalplan vom kollektiven Ansatz und dem starren Rahmenwerk der Parteiverordnungen bestimmt gewesen; aber die Stadtpläne, die nun während des Krieges unter der Schirmherrschaft der Akademie entstanden, stellten sich viel freier und vielfältiger dar.
»Wir hatten intensiv über den Wiederaufbau der Städte nachgedacht«, erinnerte sich Georgi Golz. »Aber erst als ich nach Smolensk kam – sechs Tage nach der Befreiung, am 1. Oktober 1943 –, begriff ich die Vielschichtigkeit und Bedeutung der Aufgabe richtig. Die Stadt brannte noch. Asche, Ruinen und die Skelette der Häuser ...«[7] Die Verluste in Smolensk waren unermeßlich. 93 Prozent der Häuser waren zerstört und mehr als hundert Fabriken, beide Elektrizitätswerke der Stadt, die Wasserreservoirs, Trambahnlinien und der Eisenbahnknotenpunkt dem Erdboden gleichgemacht. Smolensk existierte im Grunde nicht mehr.
Bei einer Sitzung der Kommission für Architektur und Bauwesen am 4. April 1944 wurden Golz und seine Mitarbeiter offiziell beauftragt, den neuen Generalplan für die Stadt zu entwerfen. Der Zeitrahmen war knapp bemessen: der Plan mußte bis zum 1. Mai, in weniger als einem Monat, eingereicht sein. Nach diesem Plan sollte sich Smolensk während der ersten Bauphase auf 1500 Hektar erstrecken und gegen Ende der veranschlagten Bauzeit auf 2000 Hektar anwachsen. Die Einwohnerzahl wurde auf 150 000 und später 200 000 geschätzt.
Der Plan, zunächst von Golz selbst und nach seinem Tod 1946 von seinen Kollegen weiterentwickelt, berücksichtigte jeden Aspekt der Stadt (einschließlich geographischer Lage und Landschaft), die Linienführung vorhandener Straßen, aber auch Gebäudeüberreste und Bauwerke, die den Krieg unbeschadet überstanden hatten. Der Grundriß des Altstadtkerns innerhalb der imposanten Stadtmauer um Smolensk, die aus dem sechzehnten Jahrhundert stammt, blieb erhalten. Unangetastet ließ man auch die typisch russische Trennung zwischen der Oberstadt auf dem höher gelegenen Flußufer und der Unterstadt auf der gegenüberliegenden Flußseite. Golz vertrat die Auffassung, daß Smolensk zwar auf Ruinen, aber nicht vollständig neu wiederaufgebaut werden sollte. Es galt, den Zusammenhang mit der historisch gewachsenen Stadt zu erhalten, um künftige Generationen an ihre Geschichte zu erinnern. Auf dem Kamm des Hügels, wo sich vor dem Krieg der wichtigste öffentliche Platz befand, war an der Stelle, wo bis vor kurzem noch das Rathaus und das Theater gestanden hatten, der Lenin-Platz geplant. Er bildete das Ende

einer Radialstraße, die das alte Stadtzentrum mit dem rekonstruierten Stalin-Platz verbinden sollte. Statt eines zentralen Platzes oder Boulevards sah Golz etwas für Rußland Neuartiges vor: eine Straße, so breit wie ein Platz, die als linear verlaufender Mittelpunkt diente und vom Dnjepr nach Süden führte. In diese Hauptachse sollten im rechten Winkel breite Ringstraßen einmünden. Das Zentrum auf dem höher gelegenen Flußufer bestand aus fünfgeschossigen Gebäuden, den höchsten der Stadt. Die Bauten am Rand des Steilhanges besaßen vier Stockwerke, und diejenigen an den Uferstraßen nur drei. Es war geplant, auf der Böschung Obstplantagen anzulegen und dazwischen vereinzelt kleine Landhäuser zu errichten.

Der Vaterländischer-Krieg-Prospekt, eine Mischung aus Straße und Platz mit einem in der Mitte gelegenen Boulevard, begann am Sportstadion in den Außenbezirken der Stadt auf gleicher Höhe wie der Wasserspiegel und endete oberhalb des Dnjepr vor dem Hochhauskomplex der Stadtduma in einem spitz zulaufenden Turm in eleganter Linienführung. Das sollte den Eindruck erwecken, die Stadt erhebe sich vom Erdboden, wobei die Anzahl der Stockwerke langsam mit der Entfernung anstieg.

Das für Smolensk entworfene Panorama hob die Glockentürme, Kathedralen und Befestigungstürme hervor, die den Krieg überlebt hatten. Im Plan wurde vermerkt, daß »alle historischen und architektonischen Monumente in die verschiedenen Ensembles eingefügt sind.« Diesen Zeugen der Vergangenheit begegnete man nicht länger mit Mißtrauen wie noch vor fünf Jahren.

1945 schrieb der Theoretiker und Historiker Andrej Bunin: »Die sowjetische Stadt durchläuft eine Krise der vertikalen Linien. Die Kirchen haben zwar eine brillante Lösung für die Probleme mit Turm- und Kuppelformen gefunden, aber der zeitgenössischen Architektur ist es bisher nicht gelungen, einen einzigen neuen Bautypus zu entwickeln.« Die Architekten waren sich dieses Versäumnisses bewußt und versuchten, die Hochhausstrukturen zu rechtfertigen. Golz lehnte hartnäckig die mehrfach gestuften Hochhäuser ab und gab Türmen als Blickfang den Vorzug, deren Funktion darin bestehen sollte, eine klar erkennbare Stadtlandschaft zu schaffen. Diese Auffassung deckte sich mit Bunins Beobachtung, daß »die Silhouette einer Stadt durch einen einzigen guten Turmblock belebt werden kann«.[8]

Smolensk wurde vollständig und mit Erfolg wiederaufgebaut, was vor allem daran lag, daß man das historische Stadtbild bewahrte. Neue, dominante Baustrukturen veränderten die ursprüngliche Horzontlinie nicht, sondern rundeten sie ab und ergänzten sie harmonisch. Die Stadt bot das vertraute Bild, voran der reizvolle Steilhang, der zum Dnjepr hinunterführt. Nachdem Golz das Zentrum grundlegend neu entworfen und die Hauptstraßen verbreitert, verlängert und prachtvoller gestaltet hatte, ließ er die Außenbezirke der Stadt in üppige Grünflächen ausufern. Auf diese Weise gelang es ihm, die positivsten Merkmale aller Vorkriegspläne für die Stadt beizubehalten und eine Feinabstimmung zu erzielen.

Die Pläne für die Restaurierung und Rekonstruktion des Stadtkerns von Jalta, eines berühmten Kur- und Badeorts auf der Krim, sind genauso aufschlußreich. Sie wurden zwischen 1944 und 1946 unter der Anleitung von Andrej Burow entwickelt, damals Mitglied der Architekturakademie. Sie sollten jedoch nie genehmigt werden: »Das Konzept, das ich für Jalta entworfen habe, wurde einfach nicht verstanden«, schrieb Burow in sein Tagebuch.[9]

Jalta wurde im Mai 1944 befreit. Im Juli statteten Burow und Moisei Ginzburg der Stadt einen Besuch ab, und die erste Rohskizze war schon im Herbst fertig. In Burows Tagebucheintragungen vom 15. und 16. Oktober heißt es: »Um 9.30 Uhr begann die Reise von Moskau nach Simferopol. Wir kreisen über Jalta ... eine zerknüllte grüne, plüschige Daunendecke aus bewaldeten Bergen ... Wir fliegen in einer Höhe von 1750 Metern. Jalta entpuppt sich als eine erstaunlich grüne Stadt. Entscheidungen stehen lediglich über die Bereiche an, in denen sich die Strandpromenade, der angrenzende Platz und der Hafen befinden. Das Derekajatal braucht neue Bauten ... Unser Flug dauerte zweieinhalb Stunden, und wir kreisten zehnmal über Jalta. Das ist die richtige Art, eine Stadt kennenzulernen.«[9] Der Eintrag deutet bereits auf den ersten rohen Entwurf mit den Hauptmerkmalen der Stadt hin: »Die Promenade muß erweitert und darunter ein Tunnel für den Autoverkehr gebaut werden. Auf diese Weise erübrigt es sich, parallel verlaufende Straßen zu verbreitern oder Bäume zu fällen, und es wird keinen Staub oder Unfälle in der Stadt geben. Das ist der Ausgangspunkt für alle übrigen Entscheidungen. Die Uferpromenade wird von acht- bis zehnstöckigen Hotels gesäumt werden.«[10]

Im November erscheint schließlich die erste offizielle Mitteilung in der Presse. »Die Rekonstruktion der berühmten Promenade von Jalta nimmt im Entwurf eine Schlüsselstellung ein. Sie wird auf fünfzig Meter verbreitert und zu einem Boulevard mit einer durchgehenden Springbrunnen-Linie gestaltet. Ein Straßentunnel, 850 Meter lang, soll unter der Promenade verlaufen; der Park, der sich am Rand der Promenade hinzieht, wird ein Kino, ein Theater, sechs Hotels und andere öffentliche Gebäude umfassen. Der Architekt hofft, daß Jalta nach der Modernisierung eines der schönsten Küstenbäder der Sowjetunion sein wird. Das Präsidium der Architekturakademie hat den grundlegenden Prinzipen des Plans zugestimmt.«[11]

Mit diesem Einverständnis nahm das Präsidium Stellung zum »urwüchsigen Charakter« des Plans; in Wahrheit fehlten nämlich viele Merkmale, die für eine neue sozialistische Stadt als unverzichtbar galten. Beispielsweise gab es keine einander überschneidenden Achsen, obwohl diese als wesentliches Kennzeichen des städtischen Bauensembles erachtet wurden. Folglich besaß die Stadt keinen klar abgegrenzten Kern mit Monumenten, Springbrunnen, Triumphbögen und breiten Treppen, die zum Wasser führten. Auch die Gesamtperspektive, die sich von der Meerseite her entfaltete, wurde für wichtig gehalten, denn Jalta ist in eine sehr idyllische Landschaft eingebettet und umgeben von bewaldeten Gebirgszügen, die sich sanft zum Meer neigen. Burow verzichtete auf die Möglichkeit einer reizvollen Terrassierung des Geländes und die Errichtung von Gebäuden, mit denen sich die topographische Beschaffenheit unterstreichen ließe. Im Gegenteil, er plazierte die höchsten Bauten am niedrigsten Punkt und versuchte gar nicht erst, die Stadt um einen von mehreren möglichen Richtpunkten zu gruppieren, zum Beispiel um die Kuppel des Pantheon oder die Turmspitze des Hauses der Sowjets. Er verschönerte das Panorama auch nicht durch ein Stadion oder Amphitheater am Steilhang des Flusses. Er lehnte bewußt den Vergleich mit den Küstenorten aus der romanischen oder hellenistischen Architekturperiode ab, deren Stilelemente viele Menschen vielleicht angemessener gefunden hätten. Der Silhouette, die er entwarf, scheint ein übergeordnetes Konzept zu fehlen, ein Versäumnis, auf das andere Architekten oft hinwiesen. Der Entwurf für Jalta war von rationalen

Bild 108

Bild 109

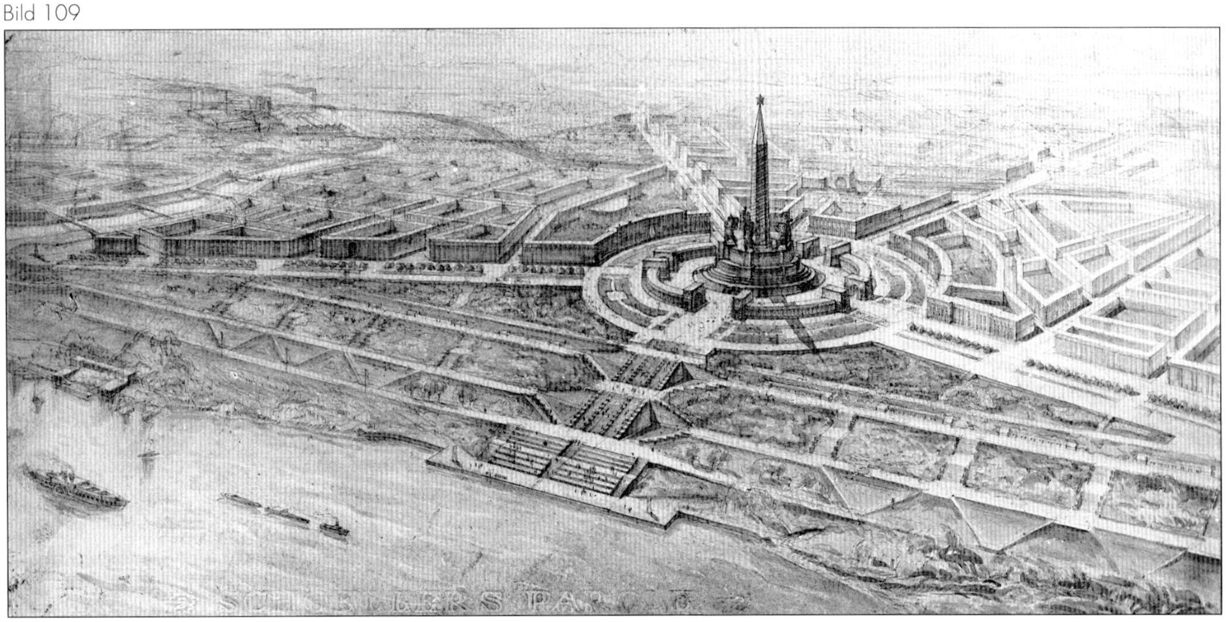

Bild 110

Bild 108
Studio Karo Alabjan :
Stalingrad, Panorama für das Stadtzentrum.
Unrealisiertes Projekt, 1943-1945.
Zwei diesem Entwurf sehr ähnliche Projekte des Architekten selbst sind weithin bekannt. Einige Elemente des vorgeschlagenen Stadtbildes – der Turm, das Haus der Sowjets und und der parabolische Triumphbogen – fanden bei der Rekonstruktion der Hauptstraße in Kiew ihren Niederschlag.

Bild 109
Studio Boris Jofan:
Wasserfront in Stalingrad.
Unrealisiertes Projekt, 1945.
Der Entwurf wurde im Studio von Boris Jofan angefertigt.

Bild 110
David Archin:
Öffentlicher Platz in Stalingrad.
Unrealisiertes Projekt, 1944

Bild 111, 112
Studio Karo Alabjan und Wassili Simbirzew:
Ensembles für Stalingrad, Stadtzentrum.
Varianten des realisierten Entwurfs, 1946–1952

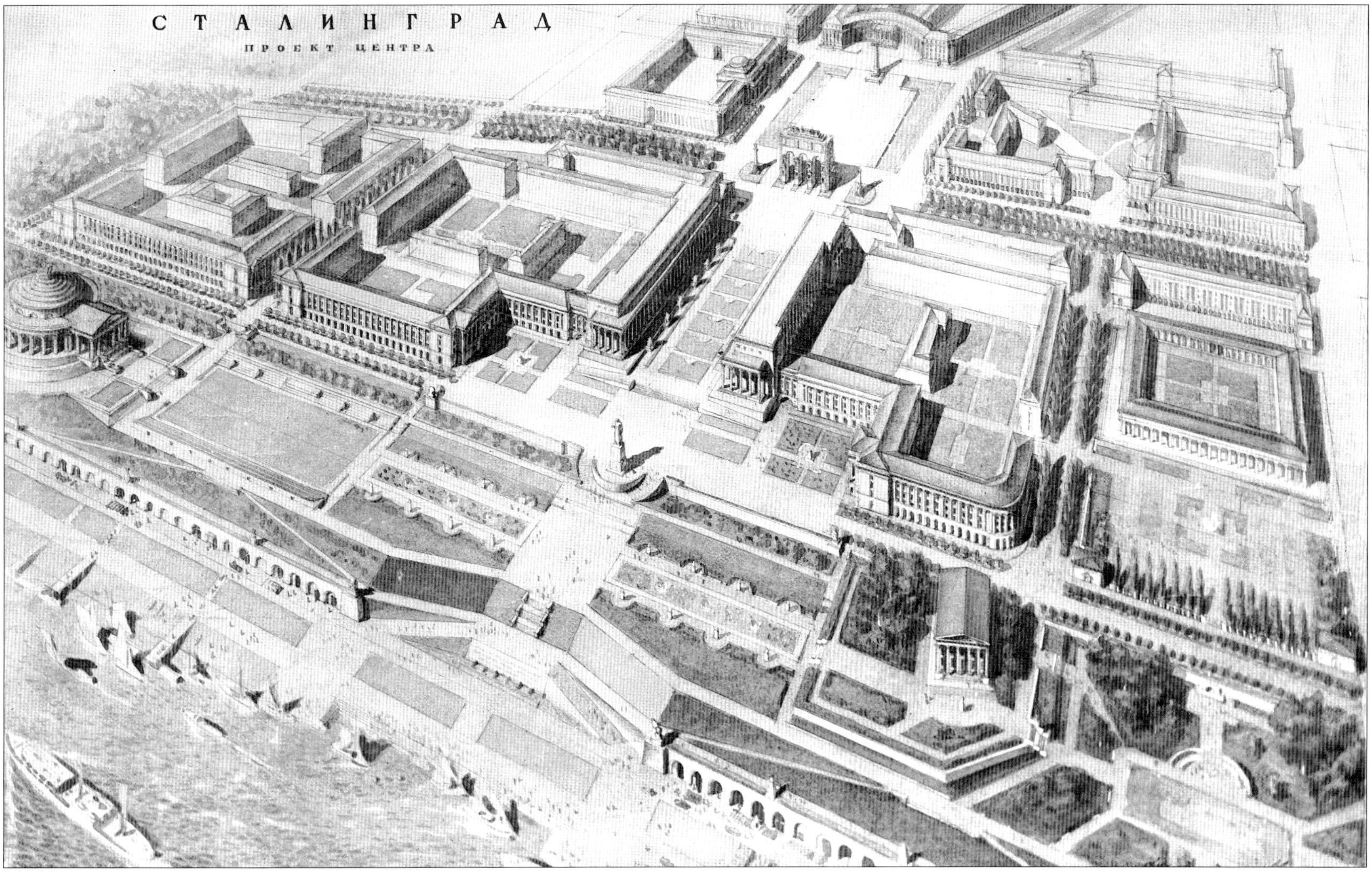

Bild 111

Bild 112

Überlegungen und Geschäftssinn diktiert, und so wirkt die Skyline wie das Ergebnis einer typisch funktionalen Stadtplanung mit konstruktivistischen Zügen. Burows Vorstellung von einem Kur- und Badeort und die künstlerische Umsetzung lassen ebenfalls auf ein streng funktionales Architekturkonzept schließen. Die Formel »Bewegung – Ruhe; Verkehrswege – Hotel«, an die er sich gewissenhaft hielt, offenbart sich in der Anordnung der Hotels entlang des zweigeschossigen Promenadetunnels.

Die Entwürfe für die Hotels entsprachen dem damaligen Zeitgeschmack. Sie waren vielfältig gestaltet, rund, mehreckig, T-förmig und quadratisch. Obwohl nicht sehr hoch, sollten sie im typischen Stil der 40er Jahre erbaut werden, mit Blendarkaden – ein Merkmal, für das Burow in seinen Entwürfen besondere Vorliebe hegte –, Gesims und horizontal verlaufenden Bandornamenten. Aber trotz seiner Originalität war der Plan für Jalta nicht übermäßig auf Zweckmäßigkeit ausgerichtet. Jeder Aspekt besitzt ein gewisses Maß an künstlerischem Wert. Burows Biographen erwähnen, daß Umgehungsstraßen fehlen und der Verkehr mitten durch die Stadt geleitet werden mußte, sozusagen als Rechtfertigung für den Bau des Tunnels unterhalb der Promenade. Aber eine neue Ringstraße entlang der Berge mit Ausblick auf die Stadt und das Meer wäre architektonisch ebenfalls interessant und genauso praktisch gewesen. Burows Tunnellösung war außerordentlich unkonventionell. Obwohl die Fahrtzeit vom Eingang zum Ausgang weniger als eine Minute betrug, bot sich dem Besucher ein bühnenreifer Einblick in das Innere des Tunnels und den Durchfahrenden ein Ausblick auf das Meer.

Im Gegensatz zu vielen anderen Generalplänen der damaligen Zeit machte man in Jalta nicht den Versuch, das »Gedächtnis«-Thema aufzugreifen. Das beharrliche Bestreben, eine lebendige Stadt in ein Denkmal zu verwandeln, war für Wiederaufbauprojekte charakteristisch. Die Fachwelt muß überrascht auf das Fehlen deutlich erkennbarer Siegessymbole reagiert haben. Vermutlich hätten viele D. Arkin, einem zeitgenössischen Kritiker, zugestimmt, als er schrieb: »Städte warten auf neue Bauensembles, öffentliche Plätze und Parkanlagen, Ehrenmale für herausragende Krieger, Monumente, die große Schlachten und heldenhafte Verteidigungsaktionen unsterblich machen, und neue Verwaltungsgebäude, deren Architektur das tiefgreifende Thema von militärischem Heldentum und Ruhm widerspiegeln.«[12]

Der Jalta-Plan zeigte nicht die Kontinuität zwischen alter und neuer Stadt auf, wie sie in Golz' Konzept für Smolensk deutlich sichtbar wurde. Burow gelang es mit seiner Lösung, das Problem geschickt zu umgehen, denn nur die Promenade sollte geändert werden. Die Rekonstruktion ließ sowohl das bestehende Straßennetz als auch das Größenverhältnis im weitläufigeren Teil der Stadt unangetastet, auf das man sich geeinigt hatte. Der Grundriß aus der Zeit vor dem Krieg wurde nicht radikal verändert, sondern einfach ignoriert. Es gab weder einen Zusammenprall noch eine echte Verflechtung alter und neuer Strukturen, mit dem Ergebnis, daß sie auf sehr unmittelbare Weise nebeneinander existierten, ohne sich gegenseitig in ihrer Wirkung zu beeinträchtigen. Bestimmten, willkürlich ausgewählten Merkmalen der Stadt schenkte man die größte Aufmerksamkeit, wie der Uferpromenade, den Wohnhäusern im Tal an der Derekaja, den Fassaden an der Meerseite und der Durchgangsstraße, die am Ufer entlangführte. Andere Elemente schien man hingegen völlig vergessen zu haben. Die Promenade wäre eine mehr als angemessene Lösung für einen teuren Landstreifen entlang der Küstenlinie in gleich welchem europäischen oder amerikanischen Bade- oder Kurort gewesen, aber in einer bereits zerstörten Stadt konnte man sie nur als glänzende Scheinfassade betrachten. Zweifellos sorgte genau dieser beinahe auf den ersten Blick entstehende Eindruck dafür, daß der Plan abgelehnt wurde. Simonow, der neue Vorsitzende der Kommission für Architektur und Bauwesen, führte ihn als typisches Beispiel für eine Stadtplanung an, die »die praktische Seite der Architektur unbeachtet läßt und sich auf den rein formalen Aspekt konzentriert ... Diejenigen, die solche Entwürfe anfertigen, haben den Bezug zu den tatsächlichen baulichen Erfordernissen ... und bei ihrem verzweifelten Streben nach Wirkung jeden Sinn für die Realität verloren.«[13] Diese offizielle Stellungnahme, die bei einer Tagung der rührigsten Moskauer Architekten im März 1948 erfolgte, setzte allen fachlichen Diskussionen über Jaltas neuen Stadtkern ein Ende.

Es gab natürlich noch andere Gründe für die Ablehnung des Entwurfs. Sie sind in Burows Buch »Auf der Suche nach Einheitlichkeit«, geschrieben zu der Zeit, als er die Pläne ausarbeitete, und in seinen Tagebüchern und Rohzeichnungen aus dieser Periode zu entdecken. Er betont, daß eine enge Verbindung zwischen diesen Kommentaren und den Plänen selbst bestand: »Ich habe vorab einen Plan für Jalta entworfen und versucht, meine Einstellung zur Stadt auf die gleiche Weise offenzulegen wie im Buch.«[14] Obwohl Jalta nicht ausdrücklich erwähnt ist, lassen sich erste Ideen für den Entwurf ausmachen. Burow beschreibt den Badeort Miami Beach in Florida: »Eine Palmenreihe trennt den Strand von der Straße. Auf der anderen Straßeseite befindet sich ein Palmenhain ... Im Park und näher zur Straße hin stehen in Abständen von rund zweihundert Metern zweiundvierzig zwölf- beziehungsweise fünfzehnstöckige Hotels in Form von Turmmassiven.«[15] Auch in den Tagebüchern, die er während der Kriegsjahre führte, nimmt Burow Bezug auf Miami Beach. Zweifellos war der Generalplan für Jalta bis zu einem gewissen Grad ein Spiegelbild von Miami und der Eindrücke, die er während seines Besuchs in Amerika in der Vorkriegszeit gewann. Interessanter ist jedoch das Licht, das er damit auf das damalige politische und soziale Klima in der Sowjetunion wirft.

Bei Kriegsende unterschied sich das von offiziellen Stellen vermittelte Amerikabild beträchtlich von den Vorstellungen, die man sich vor dem Krieg oder später machte. Die USA galten zu diesem Zeitpunkt als mutiger Verbündeter. Angesichts des ungeheuren Umfangs, den das angelaufene Rekonstruktionsprogramm erkennen ließ, glaubten viele Architekten, daß, wenn man Lastwagen und Flugzeuge kaufen oder nach amerikanischen Modellen kopieren könne, dies auch mit der Bautechnologie möglich sei. Andrej Bunin schlug sogar vor, die Idee in Betracht zu ziehen, ein »einstöckiges Rußland« aufbauen zu lassen. Obwohl die Begeisterung für alles Amerikanische nach 1945 kurzlebig war, schien die Vorstellung von der Umgestaltung der sowjetischen Architektur nach amerikanischem Muster vielen Baumeistern in den letzten drei Kriegsjahren verlockend. Burows Entwurf war kaum am Stadtbild ausgerichtet, das Jalta vor dem Krieg bot; im Gegenteil, er hob sogar den weltweiten Aspekt zeitgenössischer Stadtplanung hervor.

1945 gelangte Jalta kurzfristig als Schauplatz der internationalen Diplomatie zu Ruhm, als das Ergebnis der Konferenz von Jalta zeitweilig auf eine Zusammenarbeit der Alliierten in der Nachkriegszeit hoffen ließ. Das Ereignis stellte

Bild 113

Bild 113
Boris Jofan:
Noworossisk, Panorama.
1943–1944
Boris Jofan suchte mit seinem Rekonstruktionsplan eine Stadt von menschlichem Ausmaß zu schaffen: »Wir waren der Ansicht, die kleine Stadt sollte ein eleganteres Zentrum erhalten und der Rest aus einfachen, behaglichen Wohnhäusern bestehen.« Das »elegante Zentrum« ist in der perspektivischen Zeichnung links zu sehen. Die Achse verläuft entlang dem öffentlichen Platz im Stadtkern, auf dem sich das Haus der Sowjets befindet, gekrönt von Türmen, die wie Leuchttürme anmuten. Die zeitgenössischen Kritiker fanden jedoch wenig Gefallen an dem bescheidenen Maßstab des Entwurfs. A. Iwanitzki, Sprecher des Komitees für Architekturangelegenheiten, wies beispielsweise auf »die eindeutigen Ähnlichkeiten mit einer Stadt aus der Region Venetien« hin.

Bild 114

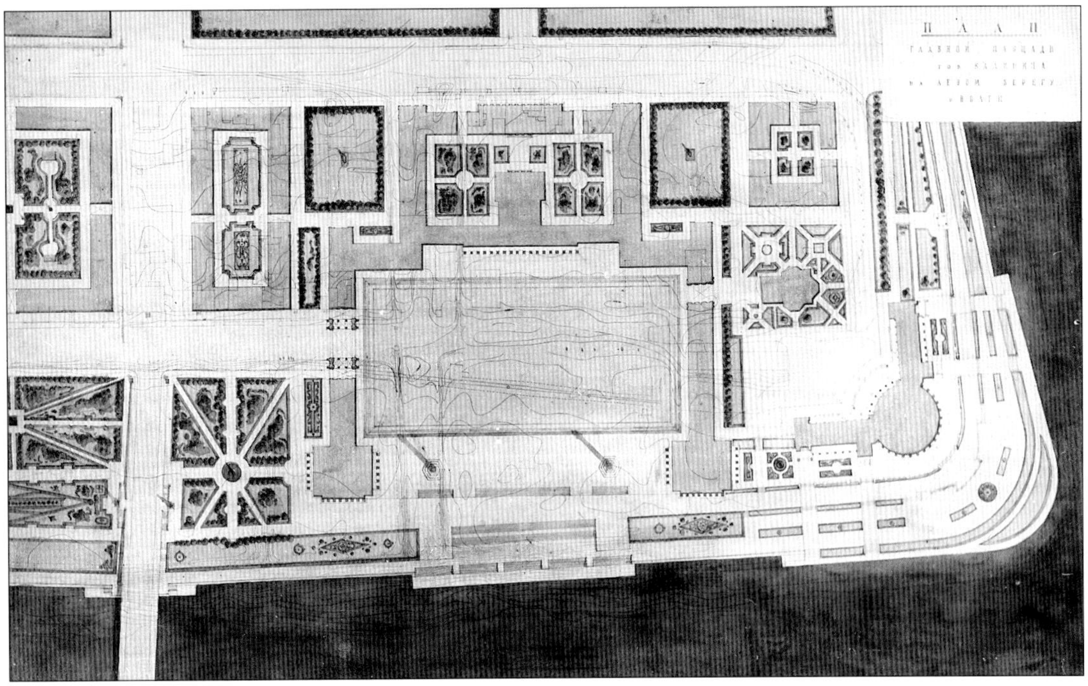

Bild 115

Bild 116

Bild 114
Nikolaj Kolli:
Mahnmal für die Kriegstoten, Kaliningrad.
Unrealisiertes Projekt, 1944.
Panorama der Westseite des Ploschtschad Revoljuzii (Revolutionsplatz); das Monument sollte am Ufer des Tmaki errichtet werden.

Bild 115
Nikolaj Kolli:
Luftansicht des Platzes am linken Ufer der Wolga, Kaliningrad.
Unrealisiertes Projekt, 1944

Bild 116
Nikolaj Kolli:
Gedenkstätte »Vaterländischer Krieg« (von 1918), Kaliningrad.
Unrealisiertes Projekt, 1944.
Bei der Arbeit an den Entwürfen für die Rekonstruktion von Kalinin diente Nikolaj Kolli der russische Klassizismus als Vorlage, insbesondere das Werk von Matwej Kasakow.

die baulichen Probleme der Stadt in den Schatten, aber es stärkte die Konzeption eines weltweiten Kulturaustausches.

Wenn diese kooperative Haltung, die ihre politische Entsprechung hatte, 1945 auch angemessen gewesen sein mag, so wurde sie für ihre Verfechter schon wenig später sehr gefährlich. Burows augenfällige Sympathie für die amerikanische Architektur sorgte dafür, daß eine objektive Beurteilung seines Planungsansatzes von vornherein ausgeschlossen war. Simonow erklärte demgemäß: »Burow ist ein tatkräftiger, begabter Mann, der von der amerikanischen Architektur beeinflußt wurde und viele schwerwiegende Fehler begangen hat. Die sowjetische Architektur erwartet von ihm eine schonungslose Analyse seiner Verfehlungen.«[16]

Die dritte Stadt von Interesse ist Woronesch; sie wurde im gleichen Ausmaß wie Smolensk oder sogar noch schlimmer zerstört. Die Front verlief beinahe 200 Tage lang mitten durch die Stadt. Als sie am 25. Januar 1943 befreit wurde, waren nicht mehr als rund fünf Prozent der Vorkriegsgebäude erhalten. Nur Sewastopol und Stalingrad erlitten größere Schäden. Lew Rudnews Atelier in der Architekturakademie wurde beauftragt, einen Generalplan für die Stadt zu entwerfen.

Rudnew betrachtete die Stadt mit den Augen des Künstlers. Er war nicht nur ein Perfektionist – er schrieb einmal: »man kann keine überzeugende Architekturform für eine Idee finden, der man feindselig oder gleichgültig gegenübersteht« –, sondern sich auch der Notwendigkeit eines objektiven Lösungsansatzes bewußt: »Es scheint einfach genug, aber in Wirklichkeit ist es außerordentlich schwierig ein Gebäude zu entwerfen, das den Blickwinkel des Betrachters berücksichtigt.«[17] In den 30er Jahren fertigte er eine Reihe von Skizzen an, die den Standort des Palasts der Sowjets in Moskau unter die Lupe nahmen und ihn sowohl aus der Perspektive des Arbatplatzes darstellten, als auch von der Ochhotnistraße und vom Konsomolplatz aus gesehen.

Er war der Meinung, seine Bauten sollten nicht nur Bewohner, sondern auch Betrachter anlocken, die sie als Kunstwerk erachteten. Aus diesem Grund zog er es vor, mit Modellen zu arbeiten und die einzelnen Gebäudeelemente in verschiedenen Bauphasen und Maßstäben zu überprüfen. Der Stellenwert, den er dem Betrachter beimaß, zeugte nicht nur von seiner Persönlichkeitsstruktur als Mensch und Künstler, sondern auch von der besonderen Art, ein Bauwerk als völlig eigenständigen Organismus aufzufassen: »Eine imposante Form setzt einen klar dargestellten Anfang und ein klar angedeutetes Ende voraus.« Rudnew beharrte unbeirrt auf der Bedeutung des Bezugs eines Gebäudes zu seiner unmittelbaren Umgebung; nach seiner Ansicht sollte es nicht mit seinem Umfeld verschmelzen, sondern sich vielmehr deutlich davon abheben. Die Stadt als Kunstwerk sollte nicht als nahtlos ineinander übergehende Struktur gesehen werden, sondern vielmehr als die Summe aller architektonischen Meisterwerke, die ihren jeweiligen Platz im Gesamtentwurf einnahmen.

Rudnew bemühte sich, Woronesch als harmonische Baueinheit zu gestalten. In seinen frühen Skizzen ist sie als typisch russische Provinzstadt dargestellt, in menschlicher Größenordnung, mit niedrigen Gebäuden, die sich inmitten von Grünanlagen und an den Boulevards erheben. »Ich glaube, daß Woronesch grundlegend eine Stadt mit drei- oder viergeschossigen Bauten sein sollte, die den Geist des Klassizismus spiegeln. Es gilt, Prinzipien wie Bequemlichkeit

Bild 117

Bild 117
Nikolaj Kolli:
Pantheon zu Ehren der Partisanen des Großen Vaterländischen Krieges.
Unrealisiertes Projekt, 1942

und Natur des Menschen zu berücksichtigen. Monumente müssen den Menschen nahe und erdverbunden bleiben, statt in den Himmel zu ragen. Regierungsgebäude sollten ihre Umgebung nicht mit ihren pompösen Formen erdrücken, selbst wenn sich ihre Proportionen deutlich von den benachbarten Konstruktionen abheben.«[18]

Von Anfang an legte der Plan dramatische Veränderungen nahe, nicht nur im Grundriß der Stadt, sondern auch in der Gestaltung ihres Raumgefüges und ihrer Umgebung. In sumpfigen Wiesen am Stadtrand wurde ein riesiges Wasserreservoir von zwei Kilometern Breite und fünzehn Kilometern Länge errichtet. Die meisten Straßen waren auf dieses Staubecken ausgerichtet. Der Stadtkern befand sich traditionsgemäß auf dem höher gelegenen, rechten Ufer des Woronesch-Flusses. Die Hauptstraße, der Revolutions-Prospekt, war zwei Kilometer lang und in drei Abschnitte unterteilt. Der erste wurde als Grünfläche mit wenigen Gebäuden an den Boulevards und in den Gartennalagen angelegt. Im zweiten Abschnitt war die Bebauung dichter, wies aber immer noch zahlreiche Lücken auf, die einen flüchtigen Blick auf das linke Ufer und den Fluß gestatteten. Im dritten Abschnitt waren die Gebäude eng aneindergereiht und hatten eine zunehmende Anzahl von Geschossen; hier sollte eine Schnellstraße für hohes Verkehrsaufkommen entstehen.

Der Boulevard am Abhang des Hügels wurde nur an einer Seite bebaut und ließ den Blick auf den Woronesch frei. Auf der Bergseite, vom Boulevard bis hinunter zum Fluß, errichtete man niedrige Gebäude, wobei die besten Standorte öffentlichen Gebäuden vorbehalten waren. Rund um das Strelezkital mit dem gleichnamigen Wasserlauf, der in den Woronesch mündet, plante man einen neuen Park; er grenzte an den geplanten Nikitinski-Boulevard auf der Spitze des Hügels, der 56 Meter breit war und das Stadtzentrum in einem Halbkreis umfaßte. Eine prachtvolle Treppenflucht führte vom Universitätsgelände das Strelezkital hinunter bis zum Flußufer.

Die Straße begann und endete mit hochaufstrebenden, zu Gruppen zusammengefaßten Gebäuden, und im Plan waren Standorte für zahlreiche Monumente, Mausoleen und Obelisken aufgezeigt. Die Wohnhäuser sollten großzügig bemessen und die öffentlichen Gebäude imposant und eindrucksvoll sein, wobei man den flußzugewandten Fassaden besondere Aufmerksamkeit schenkte.

Rudnew brachte viele seiner Lieblingsthemen in den Entwurf ein, zum Beispiel Obelisken, Boulevards und den Hauptplatz. Es machte ihm Spaß, diese Elemente abzuwandeln, und im Plan verstreut lassen sich etliche Variationen entdecken. Woronesch wurde als Summe einer Reihe von Architekturensembles betrachtet, von mehreren Gebäuden mit herausragendem, ganz eigenem Profil zu einer harmonischen Einheit zusammengefaßt. Selbst der Hauptplatz mit dem Haus der Sowjets war in zwei Abschnitte unterteilt, der eine rechtwinklig, der andere in Trapezform. Ein jeder verfügte über ein eigenes Zentrum, Monument und Wahrzeichen.

Die ersten Skizzen für das Haus der Sowjets in Woronesch sind Variationen eines rechteckigen Gebäudes mit Gewölbebögen und einer Kolonnade, gekrönt vom Stadtwappen auf der Seite, die dem Platz zugewandt ist. Der Entwurf wurde im 1946 abgefaßten Bericht der Woronescher Architekten an das Präsidium des Sowjetischen Architektenverbandes scharf kritisiert: »Rudnews Entwurf für das Haus der Sowjets ist der russischen und sowjetischen Bautradition völlig fremd. Es ist ein für Westeuropa typisches Rathaus, eine Nachahmung, die sich auf zahlreiche Nachahmungen stützt.«[19]

Auf den ersten Blick scheint der Entwurf ein ausgewogenes Bild des neuen Woronesch zu bieten; aber er beweist, daß hier mehr Sorgfalt darauf verwendet wurde, Ordnung in eine riesige Anzahl von Einzelheiten zu bringen, als eine harmonische Einheit zu schaffen. Der Umfang der ohnehin schon weitläufigen Stadt wurde übertrieben vergrößert, die Hauptstraße in drei Abschnitte gegliedert und eine ganze Reihe von Kuppeln und Spitztürmen hinzugefügt, die gemäß ihrer Bedeutung eine komplizierte Höhenabstufung aufwiesen. Vielleicht war der Plan tatsächlich zu vielschichtig, um akzeptiert und verwirklicht zu werden.

1946 hatten die Anforderungen, die das wirkliche Leben stellte, eine drastische Auswirkung auf die Stadt selbst. Nach dem Muster des von Nikolaj Trotzki erbauten 70 Meter hohen Eisenbahn-Verwaltungsgebäudes am Anfang des Revolutions-Prospekts wuchs der Höhenmaßstab des zentralen Bauensembles rapide an. Jetzt tauchten andere Variationen auf, insbesondere für das Haus der Sowjets. Im Gegensatz zu Rudnews Vorschlag sollte es nun das gesamte Panorama dominieren und als Fixpunkt dienen, der andere beherrschende Merkmale der Stadtsilhouette zu einer Einheit zusammenfügte. Der neue Entwurf sah vierzehn Stockwerke und einen viergeschossigen, dekorativen Oberbau vor – eigentlich einen typischen Moskauer Wolkenkratzer, auf den bestehenden Maßstab der Stadt getrimmt. Die Bewohner von Woronesch zeigten sich durch die Ähnlichkeit gebührend beeindruckt. »Das Haus der Sowjets ... verspricht ein echtes Hochhaus im Sinn des Wortes zu werden, das man für die Beschreibung der in Moskau errichteten Gebäude benutzt. Der mittlere Abschnitt des Hauses der Sowjets wird, wie bei den Meisterwerken der sowjetischen Architektur, terassenförmig und sich allmählich verjüngend emporwachsen, gekrönt von einem hohen, spitzen Turm«, schrieben die Woronescher Architekten zu Beginn der 50er Jahre. Sie fügten noch hinzu, daß man sogar das gleiche Material zu verwenden gedenke – »Keramikblöcke von gelblich-weißer Farbe.«[20]

Rudnews Entwurf für das Haus der Sowjets in Woronesch kam nie zur Ausführung; man entschied sich schließlich für die Version des Architekten Mironow. Aber er konnte seine Vorstellung von den dominierenden Bauwerken einer Stadt in einigen anderen Projekten verwirklichen, zum Beispiel bei der Errichtung der Moskauer Universität und beim Haus der Kultur und Wissenschaft in Warschau.

Fast alle in den 40er Jahren entstandenen Generalpläne hatten ihre eigenen Merkmale und Besonderheiten, die sich nach der zu rekonstruierenden Stadt richteten. Georgi Barchin brachte in seinen Entwurf für Sewastopol die Struktur einer Festung nach dem Vorbild der Renaissancearchitektur ein, die eine moderne Stadt und den Stützpunkt der russischen Schwarzmeerflotte in einem perfekten Oval umschloß. Boris Jofan ließ sich in seinem Entwurf für Nowosibirsk von den Eindrücken inspirieren, die er von der Hafenstadt Genua gewonnen hatte. »Da die Stadt nach unserem Empfinden nicht groß genug war, sollte sie ein eleganteres Zentrum erhalten und der Rest aus bescheidenen, aber komfortablen Wohnhäusern bestehen. Ideal wäre natürlich eine Gartenstadt gewesen, aber da der Grundriß im wesentlichen bereits vorlag, hielten wir es für falsch, ihn zu verändern«, schrieb er 1944.[21]

Bild 118
Nikolaj Kolli:
Hauptplatz, Kaliningrad.
Ansicht vom Haus der Sowjets am Wolga-Ufer, unrealisiertes Projekt, 1944

Bild 119
Alexej Schtschussew:
Jaroslaw-Fürstenhof, Nowgorod.
Entwurf für die Restaurierung und Rekonstruktion, 1944-1945
Schtschussew war ein erfahrender Restaurator altrussischer Bauwerke. Er bezog sämtliche noch erhaltenen Wahrzeichen in seinen Entwurf für den Wiederaufbau der Stadt Nowgorod ein. Er trennte den Jaroslaw-Fürstenhof am Ufer des Wolkow durch ein zweistöckiges Bauwerk und kopierte somit die Proportionen, die das ursprüngliche Gebäude auf demselben Standort besaß.

Bild 118

Bild 119

Bild 120

Bild 121

Bild 120
Georgi Golz:
Denkmal zu Ehren der Verteidiger von Stalingrad.
Wettbewerbsbeitrag, 1944.
1942 und 1943 wurde Stalingrad (später in Wolgograd umbenannt) vier Monate lang hart umkämpft. Eine Entscheidung war eher für die Moral als aus strategischen Gründen wichtig, da die Stadt nach der massiven Bombardierung der deutschen Luftwaffe in Schutt und Asche lag. Jeder Architekt von Rang und Namen reichte seinen Entwurf für den Wiederaufbau ein. Eine der Bedingungen des landesweiten Wettbewerbs, der 1944 anberaumt wurde, lautete: »Hauptthema des zentralen Platzes muß ein Monument sein, das den heldenhaften Verteidigern der Stadt gewidmet ist.« Der Entwurf von Golz bezog diese Mauer im Perpendikularstil (englische Spätgotik) ein; sie sollte am Ufer der Wolga stehen, dem letzten Verteidigungspunkt.

Bild 121
Ilja Golossow:
Museum der Verteidigung Moskaus.
Wettbewerbsbeitrag, 1943

Bild 122
Wladimir Krinski:
Pantheon zu Ehren der Partisanen des Großen Vaterländischen Krieges.
Unrealisiertes Projekt, 1942-1943.
Als federführender Rationalist ließ sich Krinski bei seiner ausdrucksstarken Bauzeichnung von Einflüssen leiten, die an das Kolosseum, den Pantheon und das Mausoleum Hadrians in Rom erinnern. Nur die vorüberfahrenden Panzer deuten an, daß wir auf ein Projekt aus dem Jahr 1943 und nicht auf eine Seite der »Architekturphantasien« von Piranesi blicken.

Bild 123
Michail Barsch:
Gedenkstätte zu Ehren der Opfer faschistischer Gewaltherrschaft.
Wettbewerbsbeitrag, 1943.
Auch dieser Entwurf stammt von einem Architekten, der sich einen Namen als einer der führenden Konstruktivisten schuf. Dieses Bauwerk mit seiner Anhäufung von Details aus den unterschiedlichsten klassischen Quellen ist charakteristisch für die damalige Ära.

Bild 122

Bild 123

Es gab zahlreiche Wettbewerbe für den Entwurf von Monumenten, mit denen die neuen Städte geschückt werden sollten. Dabei traten viele merkwürdige und skurrile Ideen zutage, zum Beispiel für der Bau von Leuchttürmen, riesigen Tempeln nach Art des griechischen Pantheon, von Totenstädten und Grabhügeln. Das beste Beispiel ist das Ehrenmal für die Schlacht von Stalingrad, von Andrej Burow in Form eines babylonischen Zikkurats entworfen (ein Tempelturm auf mehreren Terassen, zu denen man über Freitreppen gelangt). Er bestand aus rubinrot getöntem Glas, das in einer Stahlrahmenkonstruktion verankert war. Obwohl die Städte schließlich doch noch rekonstruiert wurden, gelangte kaum einer der ersten Entwürfe von Akademiemitgliedern über die Reißbrettphase hinaus. Nur Bruchstücke der neuen Städte wurden verwirklicht. Man baute Häuser, legte einige wenige Straßen an und ließ mit einem riesigen Aufwand an Arbeitskraft und Mitteln eine sehr kleine Anzahl von Stadtzentren wiederauferstehen. Und doch gibt es nur ein einziges Beispiel dafür, daß eine homogene Stadtlandschaft geschaffen wurde, obwohl dies die größte Herausforderung war, die jeder Entwurf für eine neue Stadt zu meistern versuchte. Vielleicht war es naiv, mehr zu erwarten. Wie konnten diese fein gezeichneten Stadtsilhouetten mit ihren verwaschenen Farben, übersät von imposanten Türmen und Triumphbögen, auch der rauhen Wirklichkeit der Nachkriegszeit mit den Erd- und Höhlenwohnungen, in denen die Menschen Unterschlupf fanden, und der Wüste der zerstörten Städte gerecht werden? 1944, als die meisten dieser wundersamen Entwürfe entstanden, empfahlen die Lehrbücher die Verwendung von zerbrochenem Gestein, Schotter, Schilfrohr und Stroh. Aus dem Stadtkern von Smolensk, für den Golz so grandiose Pläne geschmiedet hatte, waren erst Anfang der 50er Jahre die letzten Trümmer entfernt.

Die augenfälligen Widersprüche zwischen Wunsch und Wirklichkeit haben die Historiker schon immer verwirrt. Angesichts solcher Umstände erscheinen Wiederaufbaupläne in großem Stil von Grund auf unehrlich und bedeutungslos, weil nicht realisierbar. Dennoch waren die besten sowjetischen Architekten von 1942 an mit derartigen Entwürfen befaßt, unterstützt von Regierungskommissionen und konfrontiert mit einem Labyrinth von Genehmigungen und Expertenmeinungen in zahlreichen Phasen der Projektierung. Die Architekten kannten jede Einzelheit der Städte, deren Rekonstruktion ihnen oblag, und wurden stark von den Erinnerungen an das Bild der Vorkriegszeit und ihrem ersten Eindruck von den verwüsteten Gebieten unmittelbar nach der Befreiung beeinflußt. Darüber hinaus standen ihnen noch eine Fülle von Informationen aus Erhebungen aus der Vorkriegszeit und Luftaufnahmen zur Verfügung.

Auch die Betonung, die man auf die wenigen verbliebenen Baustrukturen legte, war bis zu einem gewissen Grad widersprüchlich. Wie sollte man auch die Geschichte in solchen Städten bewahren, die buchstäblich aus dem Nichts entstanden? Dennoch blieben die Architekturstile das stärkste Symbol der Vergangenheit. Historiker haben den Prozeß als ein »besonderes Programm« bezeichnet, »das den Eindruck vermitteln soll, hier habe man viele Jahrhunderte der Kultur an solchen Plätzen eingefangen, an denen offenkundig nichts mehr erhalten blieb.«[22] Die Planer in der gesamten sowjetischen Architektur weckten zwischen den 30er und 50er Jahren nach überliefertem Muster die Illusion einer erhabenen Vergangenheit. Sie stützten sich dabei auf Stilisierung und teils sogar auf unverblümte Nachahmung, um hervorzuheben, daß ihre Bauwerke zu einer ruhmvollen, jahrhundertealten Tradition von Weltformat gehörten und nicht einen kürzlich erst geschaffenen Ersatz darstellten. Damit hatten sie Erfolg, denn vierzig Jahre später können wir in den prächtigen Kolonnaden und Säulengängen noch immer die Absichten ihrer Schöpfer erkennen.

Die Quellen, aus denen die sowjetischen Architekten ihre Inspiration schöpften, veränderten sich im Lauf der Jahre. Einige der besten Bauwerke der 30er Jahre waren von Antike und Renaissance beeinflußt, ja, sie leiteten ihre Motive sogar aus pompejanischen Fresken ab. Die Kriegsjahre erweiterten diesen Wortschatz der Architektur; er schloß nun Bilder von Stärke, Macht und Sieg in Form von Grabhügeln, Pyramiden, Tempeltürmen, Säulen und vor allem Triumphbögen, mit Turmspitzen versehene Baukörper und Türme ein. Manche dieser Höhenflüge der architektonischen Phantasie wurden in den 50er Jahren tatsächlich realisiert.

Auch die Definition der »nationalen Kultur« wurde beträchtlich erweitert und geändert. Die russische Geschichte erfreute sich besonderer Beliebtheit. Von Beginn der 40er Jahre an wurden viele historische Filme produziert, unter anderem von Eisenstein, Pudowkin und Sawtschenko. Altrussische Themen erschienen in der Malerei, und in Ausstellungen fanden sich zahlreiche Exponate, die der altrussischen Architektur gewidmet waren. Geschichten über russische Kunst, Kultur und Technologie wurden veröffentlicht; historische Studien, wie Tarles Werk über den Krimkrieg, fanden eine große Leserschaft, und es gab zahllose Museumsausstellungen und Theateraufführungen zu diesem Thema. Nun betrachtete man die nationale Kultur als etwas, das außerhalb von Raum und Zeit existierte. Die Bühnenausstattung für die 1946 in Moskau aufgeführte Tragödie »Elektra« von Sophokles wurde von Golz entworfen. Um die klassische Architektur auf der kleinen Bühne des Wachtangow-Theaters nachzubilden, nahm er Anleihe beim Zeitalter des Perikles, als die hellenische Militärmacht ihre Blütezeit erlebte und geniale kulturelle und architektonische Leistungen hervorbrachte. Der Vergleich mit dem siegreichen Rußland drängte sich nachgerade auf. Burow, den die Aufführung selbst ziemlich kaltließ, schrieb am 19. Februar 1942 in sein Tagebuch: »Das alte Griechenland und die nationale russische Architektur, die sein Erbe antritt...«[23]

Der Formenkanon der Nachkriegszeit wurde also durch die Anpassung und Einfügung vieler historischer und nationaler Modelle in die sowjetische Architektur bereichert, die man bei der Rekonstruktion russischer, ukrainischer und belorussischer Städte in die Praxis umsetzte. Auch die Einstellung zu den russischen Architekturmonumenten änderte sich. Schon 1942 wies der Schriftsteller L.A. Ilin darauf hin, daß »das Land seine nationale Identität wie auch seine Architektur verliert.«[24] Das Interesse an den erhaltenen historischen Wahrzeichen und Versuche, sie in neue Stadtstrukturen einzugliedern, nahm nach dem Krieg merklich zu, war in den 30er Jahren jedoch weniger üblich. Golz schrieb über die neue Begeisterung für die Vergangenheit: »Wir tragen die Schuld an der Zerstörung vieler architektonischer Kunstwerke ... Der Sucharew-Turm, Bowes Triumphbogen und andere Baudenkmäler sind zerstört worden. Viele Leute haben eben erst begonnen, die Stärke, Bedeutung und Größe unserer Architektur zu erkennen, als sie die schwelenden Ruinen von Psokow, Nowgorod, Smolensk und Istra sahen.«[25] Natürlich gab es noch immer geschlossene Perioden und Stile – es war beispielsweise politisch

Bild 124

Bild 125

Bild 124
Pawel Korin:
Alexander Newski, 1942

Bild 125
W. Jakowlew:
Marschall Schukow, 1948.
Beide Gemälde sind Interpretationen des Heldenthemas; die Darstellung Schukows ist jedoch besonders erstaunlich wegen des melodramatischen Gehalts, der auch nicht die geringste Spur von Ironie erkennen läßt.

Bild 126

Bild 127

Bild 128

Bild 129

Bild 126
W. Borditschenko, Wladimir Pokrowski: Marmorpaneel, Metrostation Autosavodskaja, Moskau, 1943.
Die dreiundzwanzigste Metrostation hieß ursprünglich ZIS (Zavod imeni Stalina, Stalin-Werk). Sie war die erste, die man in den Kriegsjahren einweihen konnte, und sie galt als wichtiges Symbol und Propagandamittel. Die Mosaiken entlang der Bahnsteige zeigen Themen aus dem militärischen und industriellen Bereich. Das riesige Marmorpaneel (6,5 mal 7 Meter) besteht aus mehreren Marmorarten in natürlichen Farbschattierungen.

Bild 128
Alexej Duschkin (und ein unbekannter Künstler):
Metrostation Paveleckaja, Moskau. Marmorpaneel, 1943 fertiggestellt.
Das Marmorpaneel ist Teil der Dekoration in der Metrostation Paveleckaja. Bei der Überarbeitung im Jahr 1953 entfernte man die Stalin-Figur, die sich ursprünglich in der Mitte des Wandgemäldes befunden hatte.

Bild 127, 129
Pawel Korin, Alexej Schtschussew und andere:
Metrostation Komsomolskaja, Moskau; Haupthalle mit Mosaiken, 1952.
Die Metrostation Komsomolskaja war die prachtvollste des gesamten Netzes. Die riesige Spannweite der Gewölbe wurde durch Einfügen von Stahlträgern ermöglicht. Im Mittelpunkt der Dekoration steht der militärische Ruhm Rußlands. Bild 127 zeigt eines der neun Mosaikpaneele von Korin mit dem Bildnis Alexander Newskis. Korin war Schüler des großen Malers Michail Nesterow, der sich vornehmlich religiösen Themen widmete und vor der Revolution berühmt war. Die beiden letzten Paneele dieser Serie stellten ursprünglich Stalin dar; sie wurden jedoch nach dessen Tod überarbeitet und die Figur des Diktators entfernt.

höchst unklug, Art-deco-Gebäude in ihrem ursprünglichen Stil wiederaufzubauen. Das ändert allerdings nichts daran, daß sich die Einstellung zum nationalen Erbe mit dem Kriegsende drastisch wandelte.
Bis vor kurzem wurden die Entwürfe der Akademie als »barock«, »zu theoretisch« oder »unrealistisch« abgestempelt, was im Klartext bedeutete, daß sie nicht zu verwirklichen waren. Sie mußten jedoch zwei getrennten Funktionen gerecht werden, einer ideologischen und einer rein praktischen. Der ideologische Aspekt stand in der Regel an erster Stelle; die praktische Seite war nie vollständig durchdacht, denn die Architekten konnten sich selbst in ihren wildesten Träumen nicht ausmalen, welche Folgen die technologische Revolution nach dem Krieg für Ästhetik und Wissenschaft haben würde.
Die Stadtplanung hinkte auf jeden Fall ständig der Wirklichkeit hinterher. Während die Entwürfe in gemächlichem Tempo entstanden, gab es drängende praktische Probleme, die gelöst sein wollten. Die planlose, jedoch so wichtige Rekonstruktion beschnitt den Handlungsfreiraum der Architekten und nahm ihnen die Möglichkeit, ein Gesamtkonzept durchzusetzen. Sobald ein Generalplan angenommen worden war, der sich mit den vielschichtigen Problemen des Stadtkerns und den einfacheren der Außenbezirke befaßte, begann man üblicherweise mit den Bauarbeiten zu dem Zeitpunkt, als man mit dem geringsten Widerstand rechnete. Das hatte oft zur Folge, daß der Stadtkern noch aus Ruinen bestand und von Randgebieten mit neuen, niedrigen Gebäuden umschlossen war. Erst Anfang der 50er Jahre wurde auch die Planung der Stadtzentren allmählich gang und gäbe; aber zu diesem Zeitpunkt sollte die Architekturakademie nur noch wenige Jahre bestehen, und die in ihren Ateliers entstandenen Generalpläne wurden bald überarbeitet und korrigiert.
Kalinins Aufruf aus dem Jahr 1943, sich Zeit für die Ausarbeitung eines durchdachten Konzepts zu nehmen, erscheint unangemessen angesichts der politischen Situation in der damaligen Zeit, die Verordnungen und Richtlinien in Hülle und Fülle mit sich brachte. Seine Haltung läßt sich vermutlich damit erklären, daß ihm zwei Dinge bewußt waren, die in Wechselwirkung miteinander standen: Erstens, daß es sehr lange dauern würde, statt kurzfristiger Maßnahmen einen übergeordneten Plan auf den Weg zu bringen; und zweitens, daß schon das bloße Vorhandensein eines solchen Plans die Moral des Landes merklich verbessern würde. Die Projekte der Akademie wurden auf vielfältige Weise gefördert, in zahlreichen Zeitungen veröffentlicht und auf den größten Kunstausstellungen wie auch der Allunions-Baumesse in Moskau vorgestellt. Dennoch waren die Entwürfe der Architekten kaum mehr als wohlgefällige Bilder, die einen Propagandafeldzug in großem Stil anschaulich gestalten sollten. Einerseits läßt sich aus heutiger Sicht leicht erkennen, daß man nie vorhatte, diese Projekte zu verwirklichen und daß ihre Schöpfer einem kaltblütigen Täuschungsmanöver zum Opfer fielen. Andrerseits deuteten diese Projekte zum ersten Mal sichtbar auf die Beschaffenheit der russischen Nackkriegsarchitektur hin und waren somit eine wichtige Phase in der Entwicklung des ausgereiften stalinistischen Stils.

Trotz großer Not und Härten in den Kriegsjahren gab es in der stalinistischen Ära auch Zeiten, in denen die Repressionen kaum spürbar waren. Die Kirche genoß sogar größere Freiheit als zuvor, und die russische Geschichte wurde rehabilitiert. Zum Beispiel sagte Stalin am 7. November 1941 anläßlich der Parade auf dem Roten Platz: »In Kriegszeiten sollten wir uns von unseren heldenhaften Vorfahren – Alexander Newski, Dmitri Donskoi, Kusma Minin, Dmitri Poscharski, Alexander Suworow und Michail Kutusow inspirieren lassen.« Die Verdienste dieser russischen Militärführer waren von den offiziellen sowjetischen Historikern zuvor nicht gewürdigt worden.

Bild 130
Grigori Sacharow, Sinaida Tschernischewa, Nikolaj Tomski:
Metrostation Kurskaja, Moskau.
Haupthalle, 1949.
Der Strom der Passagiere bewegte sich auf der rechten und linken Seite der Haupthalle entlang, die als Standort für diese Stalin-Statue errichtet wurde. Über den Säulen waren die Worte der neuen Nationalhymne eingemeißelt, die Stalin persönlich genehmigt hatte. Nach seinem Tod entfernte man die Skulptur und verbot Veröffentlichungen dieser Verse.

Bild 130

СОЮЗ СОВЕТСКИХ СОЦИАЛИСТИЧЕСКИХ РЕСПУБЛИК

SIEGESZUG

Die sowjetische Architektur der Nachkriegszeit unterschied sich nicht wesentlich von der der Vorkriegszeit. Ihre Formen ähnelten denen der 30er Jahre; man könnte sogar sagen, daß die Architektur der 50er Jahre die vorhersehbare, wenn auch verzögerte Wiederaufnahme früherer Baumuster verkörperte.
Die fünfjährige Unterbrechung in der Entwicklung der Bautechnik und Baukunst, die auf den Kriegsausbruch 1941 zurückzuführen war, hatte für die Architekten jedoch ernsthafte Auswirkungen. Für Bauprojekte, die bis zu diesem Zeitpunkt noch nicht begonnen hatten, und selbst für einige, die bereits angelaufen waren, bestand wenig Hoffnung auf Vollendung.
Der Plan, den Palast der Sowjets zu errichten – vorher das architektonische Ideal des Zeitalters – verschwand allmählich in den Schubladen, obwohl man weiter daran arbeitete und noch mehr Spielarten schuf. In der letzten Vorkriegsvariante (1939) hatte man die Anzahl der stufenförmigen Oberbauten verringert, die ursprüngliche Höhe beibehalten, und die Eingangstore des Palasts in »steinerne Spruchbänder« verwandelt. Sie erinnerten an Jofans Pavillon auf der Pariser Weltausstellung von 1937, der von Vera Muchinas Plastik »Arbeiter und Kolchosbäuerin » gekrönt war.
Die ersten ernsthaften Rückschläge während des Krieges brachten die Bautätigkeit weitgehend zum Stillstand. Am 15. November 1941 stand die deutsche Armee fünfundzwanzig Kilometer vor Moskau, und die Stadt schickte sich zur Kapitulation an. Stalin verließ Moskau in aller Heimlichkeit und kehrte erst dann zurück, als sich die Situation stabilisiert hatte. Jofans Atelier wurde nach Swerdlowsk evakuiert, und während des Exils entstand ein neuer Entwurf des Palasts der Sowjets. »Endgültige« Versionen des Repräsentationsbaus wurden immer wieder auf Kunstausstellungen präsentiert. Das allerletzte Modell (von 4,5 Quadratmetern Größe) wurde 1945 mit großem Pomp im Georgssaal des Großen Kremlpalasts ausgestellt, gemeinsam mit Skizzen für neue Fresken und Skulpturgruppen.
Nach der Ausstellung ergingen neue Anweisungen: der Entwurf für den Palast sollte überarbeitet werden und in seiner augenblicklichen Form erhalten bleiben, jedoch mit einer Verringerung der Höhenmaße um 100 Meter. Von diesem Augenblick an bis 1956 legte Jofan fast jedes Jahr eine neue Variante vor. Dieses nicht vorhandene Gebäude tauchte so oft und so beharrlich in Architekturzeichnungen und Stadtplanungsprojekten auf, daß die tatsächliche Errichtung überflüssig erschien. Der Planungsprozeß wurde fortgesetzt, aber die Behörden, die Jofan zuvor wohlwollend gegenübergestanden waren, begannen ihr Vertrauen in das gesamte Projekt zu verlieren. Jofans Hoffnungen, den Bau des Palasts je zu erleben, schwanden schon während des ersten Kriegsjahres in dem Augenblick, als die kurz zuvor erst errichteten Bauten auf dem Gelände der Erlöser-Kathedrale wieder abgerissen wurden. Von der Stahlkonstruktion (nach Art des Palasts der Sowjets) blieben nur die Grundmauern und ein Graben, der mit Grundwasser überflutet war. Die Gegebenheiten der Nachkriegswelt änderten sich, und mit ihnen die Namen der Architekten, die einflußreiche Fürsprecher auf höchster Ebene hatten. Die Sowjetunion, eine Siegermacht mit einer riesigen, schlagkräftigen Armee, schickte sich an, ihre eigene Atombombe zu bauen und ihren Anspruch auf eine Weltmachtrolle geltendzumachen. Stalin hatte Moskau immer in eine Weltstadt verwandeln wollen, aber in den 20er und Anfang der 30er Jahre war die sowjetische Metropole lediglich als Heimat der Komintern, als eine Art Mekka des Kommunismus und als Magnet für begeisterte Anhänger des Systems

Bild 131
Juri Schtschuko:
Zentraler Pavillon der Landwirtschaftlichen Unionsausstellung (später Ausstellung der Volkswirtschaftlichen Errungenschaften der UdSSR/WDNCh).
1954

Bild 132

Bild 133

Bild 132
Alexej Duschkin, W. Mesenzew, W. Abramow:
Büro- und Wohnkomplex an der Metrostation Krasnje Worota, Moskau.
1953.
Die Kombination von Büros und Wohnungen war bis in die 50er Jahre ungewöhnlich. Das Gebäude, in dem das Ministerium für Kommunikation untergebracht wurde, weist beträchtlich weniger Details in der Ausführung auf als die in Bild 133 und 134 gezeigten. Seine schlichte Form hat eine gewisse Ähnlichkeit mit einer mittelalterlichen Festung.

Bild 133
Wladimir Gelfreich, Michail Minkus, G. Limanowski:
Ministerium für Auswärtige Angelegenheiten, Moskau.
1952.
Das Ministerium gehört zu den interessantesten Hochhäusern Moskaus. Mit seiner Höhe von 170 Metern und siebenundzwanzig Stockwerken erscheint es wie eine Miniaturausgabe einer der zahlreichen Versionen des Palasts der Sowjets, der nie gebaut wurde.

Bild 134
Dmitri Tschetschulin, A. Rostowski, L. Gochman:
Wohnhaus am Kotelnicheskaja-Kai, Moskau.
1949.
Dieses Hochhaus besteht aus einem ausgedehnten unteren Abschnitt und einem Turm mit 24 Stockwerken. Es wurde seiner unangemessenen Position, seines schweren Granitsockels und seiner beschnittenen vertikalen Achse wegen kritisiert.

Bild 134

bekannt. Ein Jahrzehnt später hatte sich das Bild gewandelt: Es reichte nicht mehr aus, ein riesiges Lenin-Denkmal als Fanal und Ziel für Pilger aus aller Welt im Stadtzentrum aufzustellen; nun schien es der Sowjetunion möglich, ihren Einfluß auf einen beträchtlichen Teil Europas und Asiens auszudehnen, ohne das Hauptziel aus den Augen zu verlieren – die Erweiterung ihres Hoheitsgebietes und politischen Machtbereichs.

Im Verlauf der Zeit erschien eine neue Generation von Architekten auf der Bildfläche, von denen viele Erfahrungen in der sozialistischen Stadtplanung gesammelt hatten, einschließlich der Wiederaufbaurbeiten nach dem Krieg. Ihre Projekte waren detaillierter und weniger unpersönlich (und stammten von begabteren Architekten) als der Moskauer Generalplan von 1935. Sie spielten eine wichtige Rolle bei der Enwicklung des neuen Bildes, das Stalins Hauptstadt bieten sollte.

Der Generalplan wurde unter der Leitung des neuen Moskauer Chefarchitekten Dmitri Tschetschulin ein weiteres Mal in aller Eile überprüft. 1949 wurde eine Resolution »Über die Entwicklung eines neuen Generalplans für die Rekonstruktion Moskaus« verabschiedet und 1951 ratifiziert; die Bauzeit setzte man auf 20 bis 25 Jahre fest.

Der neue Plan unterschied sich nicht wesentlich vom Generalplan des Jahres 1935, aber er setzte sich eingehender mit manchen der früheren Entwürfe auseinander. Die urprünglichen Pläne für Umbau und Modernisierung einiger großer und ziemlich willkürlich ausgewählter Stadtteile behielt man bei, setzte jedoch mit der Planung ganzer Wohnviertel neue Akzente.

Dieser Plan wurde, wie seine Vorläufer, nicht in vollem Umfang realisiert, aber die tatsächlich errichteten Gebäude waren riesig und veränderten die gesamte Silhouette Moskaus.

Das auffälligste an alten Drucken von Moskau ist die ungeheure Anzahl an Kuppeln, Zeltdachkirchen und Shatjor-Türmen; aber zu Beginn des zwanzigsten Jahrhunderts wirkten sie verloren neben den Hochhäusern. Von den 40er Jahren an begannen sogar altehrwürdige Wahrzeichen der Architektur in die Höhe zu wachsen. 1944 wurde beispielsweise das Gebäude erhöht, das den Moskauer Stadtsowjet beherbergte (früher Sitz des zaristischen Gouverneurs für das Moskauer Gebiet, entworfen von Matwej Kasakow). Tschetschulin und seine Kollegen »korrigierten« Kasakow, erhöhten den Säulengang um mehrere Stockwerke und setzten eine Konstruktion darunter, die einem Triumphbogen glich.

Letztlich mußte die Moskauer Silhouette doch neu konzipiert werden. In den 30er Jahren hatte Boris Jofan vorgeschlagen, für die vereinzelt wirkende, vertikale Linie des Palasts der Sowjets einen Hochhaus-Hintergrund in mehreren Moskauer Stadtvierteln zu schaffen. Diese Idee wurde nun von anderen Architekten aufgegriffen. Tschetschulin betonte die Notwendigkeit, Richtpunkte im Stadtkern hervorzuheben und geografisch getrennte Stadtteile miteinander zu verbinden. Dadurch hätte man Jofans geplantem Palast der Sowjets einiges von seiner Vorrangstellung genommen und mehrere kleinere Bauelemente eingeführt. Das »Recht auf Höhe«, das früher einzig Jofan zustand, sollte nun auch seinen Kollegen gewährt werden.

Eine Verordnung des Ministerrats der UdSSR zur Errichtung von acht Hochhäusern, die am 13. Januar 1947 verabschiedet wurde (im Folgenden wird daraus zitiert), bekräftigte diese Absicht.

»In Stalin sehen wir ein bemerkenswertes Zusammentreffen von Weisheit und Größe, vereint in der überragendsten politischen, staatsmännischen und militärischen Persönlichkeit in der Geschichte der Menschheit. Darüber hinaus muß er als genialer Wissenschaftler und der am innigsten geliebte Führer gelten, den unser Volk je kannte. Seine brillanten Führungsqualitäten retteten unser Land vor der Bedrohung der Naziherrschaft und brachten uns den Sieg im Zweiten Weltkrieg. «

(*Die große Sowjetische Enzyklopädie*, Stichwort *»Generalissimus der Sowjetunion«*, Moskau, 1952).

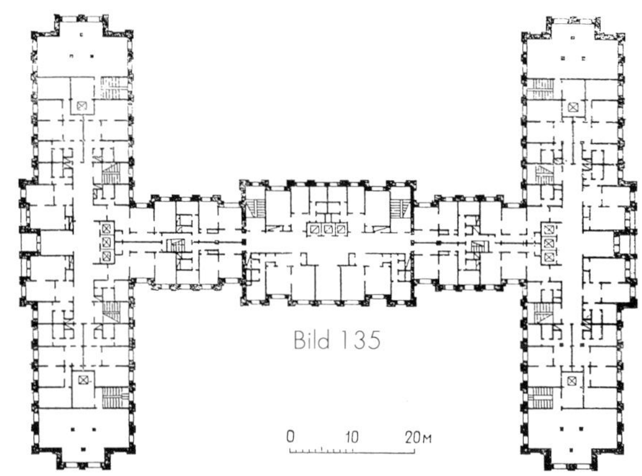

Bild 135

Bild 135, 136
M. Posochin, A. Mndojanz, M. Wochonski:
Wohnhaus am Wosstanja-Platz, Moskau. Grundriß und Entwurf eines Stockwerks, 1951.
Der Block am Wosstanja-Platz enthält 452 Wohnungen. Der Stern an der Turmspitze wurde aus dem Kreml hierher verbracht, als man beschloß, die Kremltürme mit elektrisch beleuchteten Sternen aus rotem Glas zu schmücken.

Bild 136

Bild 137

Bild 137, 138, 139
M. Posochin, A. Mndojanz, M. Wochonski: Wohnhaus am Wosstanja-Platz, Moskau. 1951.
Die Bilder zeigen das Innere des Lebensmittelgeschäfts im Erdgeschoß des Gebäudes, Details eines Kapitells und den Haupteingang in der belebten Vorhalle. Sie ist mit ungewöhnlich gestutzen Säulen geschmückt, die wie im Boden festgewurzelt erscheinen. Der Laden gehört zu den prachtvollsten und am reichsten verzierten der Epoche.

Bild 149

Bild 150

Bild 151

Bild 150, 151
Andrej Borezki und L. Poljakow:
Hotel Leningrad, Moskau.
Vestibül und Eingang zum Fahrstuhl, 1952

Bild 152, 153
Andrej Borezki und L. Poljakow:
Hotel Leningrad, Moskau.
Restaurant und Vestibül, 1952.
Das Hotel besaß eine Innenausstattung im »alten« russischen Stil. Die Goldmalereien, geschnitzten Deckenbalken, verzierten Simse und eigens angefertigten Möbel lieferten all jenen Zündstoff, die den Architekten hemmungslose Verschwendung vorwarfen. Außerdem warf man ihnen vor, der Entwurf sei viel zu kompliziert und biete nicht genug Platz für die Unterbringung der Gäste, obwohl dies lediglich auf das geräumige, hohe Erdgeschoß zurückzuführen war. Diese Anschuldigungen bewirkten, daß Poljakow und Borezki ihre von Stalin verliehenen Verdienstorden zurückgeben mußten und ihre berufliche Laufbahn beträchtlich litt.

Bild 152

Bild 153

»Architekten und Bauhandwerker sehen sich einer großen Herausforderung gegenüber. Sie besteht vornehmlich darin, eine Reihe von Hochhäusern zu schaffen, die hinsichtlich ihrer Größe, Technologie und Architektur eine neue, in unserem Land erstmals zu sehende Bauform darstellen ... Die Proportionen und Silhouetten dieser Gebäude sollen originell und in ihrer architektonisch-künstlerischen Komposition mit der historisch gewachsenen Architektur der Stadt und der Silhouette des künftigen Palasts der Sowjets verbunden sein. Entsprechend sollen die geplanten Gebäude nicht die Muster der im Ausland bekannten Hochhäuser wiederholen.«[1]

Der Palast der Sowjets hätte das Moskauer Stadtbild beherrscht; nun wurde wieder einmal beschlossen, daß er die Silhouette der Stadt prägen sollte, wenn auch in acht niedrigere vertikale Baublöcke unterteilt.

Nur sieben der acht projektierten Hochhäuser wurden gebaut. Drei befinden sich an der Sadowaja-Ringstraße: das Ministerium für Auswärtige Angelegenheiten, ein weiteres Regierungsgebäude am Krassnitor und ein Wohnblock am Wosstanjeplatz. Das Hotel Ukraina errichtete man am Dorogomilowskaja-Kai, auf der anderen Seite des Flusses, und das Hotel Leningrad am Komsomolplatz. Am Kotelnicheskaja-Kai, wo die Jausa in die Moskwa mündet, wurde ein Wohnblock gebaut. Und schließlich erhob sich das Universitätsgebäude auf dem höchsten Punkt Moskaus, den Lenin-Bergen. Für das frühere Hafenviertel Sarjadje, auf dem Grundstück des Volkskommissariats für Schwerindustrie gegenüber dem Kreml, hatte man einen Bürokomplex mit 38 Stockwerken vorgesehen, der jedoch nie gebaut wurde.

Diese Bauwerke veränderten die Moskauer Silhouette drastisch. Die Wahl der Standorte war meisterhaft und die optische Verbindung zwischen den Hochhäusern unübertroffen. Sie sind bis heute die verläßlichsten Orientierungspunkte der Stadt geblieben.

Die Aufträge wurden an Architekten vergeben, die sich bewährt oder einen Namen gemacht hatten. Das Hotel Leningrad entwarfen Poljakow und A. Borezki, das Hotel Ukraina Mordwinow und Oltarschewski. Der Wohnblock am Wosstanjeplatz war das Werk von Posochin und Mndojanz. Das Gebäude am Krassnitor stammte von Mesenzew und Duschkin, und das Ministerium für Auswärtige Angelegenheiten bauten Gelfreich und Minkus. Der Chefarchitekt Tschetschulin ließ sich selbst zwei Aufträge zukommen: das Verwaltungsgebäude in Sarjadje und das Gebäude am Kotelnicheskaja-Kai. Das Universitätsprojekt trug man ursprünglich Jofan an, aber dann wurde ihm der Auftrag urplötzlich entzogen und Lew Rudnew erteilt. Die Universität ist noch heute ein Architektursymbol Moskaus und selbst angesichts der Moskauer Fülle von Turmblöcken einzigartig.

Diese Hochhäuser fügen sich zu einem abgerundeten Panorama. Die Universität dient als Bindeglied zwischen der Stadt und dem gesamten Superensemble turmhoher Bauten, die über den Radial- und Ringstraßen in den Himmel hineinragen. Es kommt selten vor, daß ein einzelnes Gebäude spürbaren Einfluß auf eine ganze Stadt ausübt, aber die monumentale Struktur der Universität zog die Stadt tatsächlich in ihren Bann. In einem Kommentar aus dem Jahr 1953 hieß es: »Die große Plastizität der Baukörper und Silhouetten des Universitäts-Komplexes, aber auch seine harmonische Gesamtform, sind lehrreiche, glänzende Beispiele für die kreative russische Stadtplanung.«[2] Das Universitätsgebäude wurde von den zeitgenössischen Kritikern als eine gut

Bild 154

Bild 155

Bild 156

Bild 154, 155, 156
Alexej Duschkin, W. Mesenzew,
W. Abramow:
Büro- und Wohnkomplex an der Metrostation Krasnje Worota.
1953.
Der Vergleich zwischen der Fassade und den Innenräumen dieses Hochhauses und dem Hotel Leningrad ist interessant.

In der Regel waren Details, Borten oder Leisten und Kapitelle hervorstechende Merkmale der Moskauer Hochhäuser, aber hier fehlen die üblichen Architekturzeichnungen auf der Fassade. Die Innenausstattung, in Bild 156 zu sehen, wirkt zwar aufwendig, ist aber vergleichsweise schlicht gehalten.

Bild 157, 158, 159, 160
Lew Rudnew, Pawel Abrossimow, Alexander Chrijakow, Wsewolod Nassonow: Lomonossow-Universität, Lenin-Berge, Moskau.
1949–1953.
Die Universität steht auf dem Kamm eines Hügels hoch über Moskau, 75 Meter über dem Wasserspiegel der Moskwa. Die von Rudnew stammende realisierte Version des Bauwerks weist eine Turmspitze auf; Jofan, der kurz vor der Fertigstellung von dem Projekt abgezogen wurde, hatte in seinem Entwurf eine Statue als Krönung des Gebäudes vorgesehen.

Bild 157

Bild 158

Bild 159

Bild 160

gelungene Lösung betrachtet, die sowohl den funktionalen als auch ästhetischen Anforderungen gerecht zu werden vermochte.
Rudnew ging den Entwurf des Gebäudes auch dieses Mal wie ein Bildhauer an, der zuerst die Gesamtform festlegt und die Einzelheiten später herausarbeitet. Dieser Ansatz war eine merkwürdige Eigentümlichkeit in der Stadtplanung der Nachkriegszeit, die einen stalinistischen Zuschnitt aufwies: das übliche, zweckmäßige Vorgehen, zuerst den Innen- und dann den Außenraum zu gestalten, oder vom Reißbrett zum Bau der Fassade zu gelangen, wurde auf den Kopf gestellt, so daß das Gesamtkonzept der Stadt viele Planungsentscheidungen vorbestimmte. Der Standort eines Gebäudes oder Ensembles konnte die Größe der Eingangshalle oder den Grundriß der Räume auf ungeahnte Weise beeinflussen, und es oblag dem Architekten, derartige Probleme nach bestem Wissen zu lösen. Davon abgesehen gab es immer Projekte, die Vorrang hatten. Die Architekten der stalinistischen Schule entwarfen lieber Verwaltungsgebäude als Unterkünfte für das »gemeine Volk«. Gemäß dem politischen Dogma der damaligen Zeit entfaltete der Sowjetbürger seine wahre Persönlichkeit allein im öffentlichen Leben; die Privatsphäre war nur für den Geheimdienst von Interesse.
Sobald der Umfang des Projektes feststand, machten sich die Architekten ernsthaft an den Entwurf. Architektengruppen wurden mit der Ausarbeitung bestimmter Bauabschnitte betraut, und erfahrene Kollegen überprüften die Ergebnisse. Bei Meinungsverschiedenheiten wandte man sich an Rudnew selbst, der als Schiedsrichter fungierte.
Die Hochhäuser waren bautechnisch von erstklassiger Qualität und die Innenräume verschwenderisch ausgestattet. Zu den Materialien, die man beim Bau des Ministeriums für Auswärtige Angelegenheiten am Smolenskplatz verwendete, gehörten u.a. Marmor, Bronze, Messing und karelisches Birkenholz; eigens entworfene Lüster, Vergoldungen und karmesinroter Samt gaben dem Interieur einen luxuriösen Anstrich. Dieses Gebäude ähnelt einer quadratischen Version des Palasts der Sowjets, die Gelfreichs Atelier 1933 entworfen hatte. Zu den zahlreichen markanten Punkten zählen der dreistöckige Säulengang an der Frontseite und Rhythmus und Anordnung der nach klassischer Vorlage gestalteten Pilaster.
Die Erbauer des Ministeriums für Auswärtige Angelegenheiten rechtfertigten ihren Entwurf mit einem kurzen Abriß der gemeinsamen Ziele aller sowjetischen Architekten der Nachkriegszeit: »Wir waren der Auffassung, das Bauwerk sollte zwischen anderen stehen, aber auf allen Seiten von Licht und Luft überflutet sein, damit das gesamte Ensemble das Gefühl vermittelt, vom Geist der Freiheit durchdrungen zu sein… Dieses Hochhaus sollte inmitten seiner Nachbarn nicht fehl am Platz wirken, sondern auf natürliche Weise über sie hinauswachsen. Deshalb haben wir eine terassenähnliche Konstruktion geschaffen, in der Umfang und Höhe jedes einzelnen Gebäudes allmählich zunehmen und die dynamische Bewegung zur Mitte hin durch den aufstrebenden Turmblock selbst ergänzt wird.«[3]
Trotz ihrer unterschiedlichen Funktionen – Hotel, Wohnblocks, Bürogebäude und Universität – haben diese sieben Wahrzeichen Moskaus eines gemein, nämlich ihre grundlegende Struktur. Sie besteht aus einem schweren, mehrgeschossigen Sockel, pyramidenförmig angeordneten Aufbauten und einem gestuften, von einer Spitze gekrönten, vertikal aufstrebenden Turm.

»Wir sind alle vertraut mit A. A. Schdanows Kritik am Entwicklungsstand der Russischen Kunst und Literatur vor der Revolution, die er in seiner Rede über die Fachzeitschriften ›Swesda‹ und ›Leningrad‹ äußerte: ›Symbolisten, Imaginisten und Entartete gleich welcher Gattung krochen aus dem Unterholz, sagten sich vom Volk los und sammelten sich unter dem Banner der ›Kunst um der Kunst willen‹. Sie lehnten das Prinzip des politischen Engagements in der Literatur bewußt ab und kaschierten ihren intellektuellen und moralischen Schiffbruch, während sie angeblich nach der vollkommenen Form suchten, die bar jeden ideologischen Inhalts sein sollte. Diese Worte könnten mit gleicher Berechtigung auf die Gruppe ›Welt der Kunst‹ bezogen werden – die größte demokratie- und realismusfeindliche Bewegung in der russischen Kunst des vorrevolutionären Zeitalters. Jeder Versuch, die fremdartigen Traditionen der ›Welt-der-Kunst‹-Strömung zu entschuldigen oder wiederzubeleben, müssen von der öffentlichen Meinung auf das Schärfste verurteilt werden.«

A. Kamenski: *Die Wertschätzung schädlicher Überlieferungen, Sovietskoje Iskusstwo,* 31. März 1948.

Bild 161
Lew Rudnew, Pawel Abrossimow, Alexander Chrijakow, Wsewolod Nassonow: Lomonossow-Universität, Lenin-Berge, Moskau.
Erste Variante, 1948.
Diese Version entstand nach Jofans Abberufung. Die Veränderungen an seinem Entwurf des Universitätsgebäudes waren jedoch geringfügig.

Bild 162
S. Rosenfeld und andere:
Moschajiskoje-Chaussee (heute Kutusowski- oder Kutosow-Prospekt), Moskau.
Entwurf, undatiert

Bild 161

Bild 162

Bild 163

Bild 164

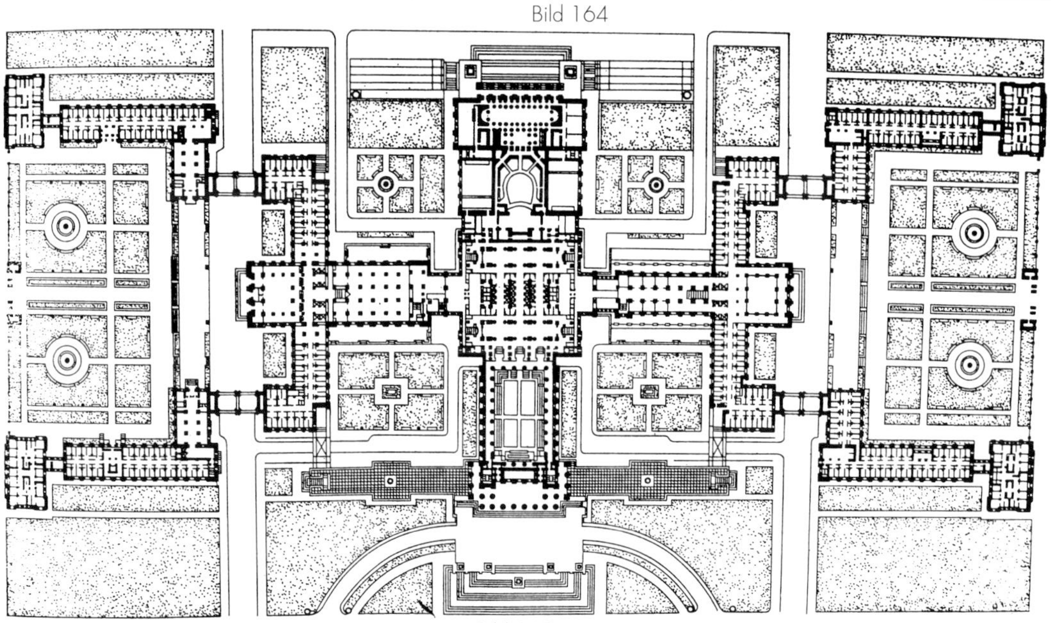

Bild 165

Bild 163, 164
Lomonossow-Universität, Lenin-Berge, Moskau.
Skulpturen, Fassadenschmuck des Gebäudes, 1953

Bild 165
Lew Rudnew, Pawel Abrossimow, Alexander Chrijakow:
Lomonossow-Universität, Lenin-Berge, Moskau.
Grundriß des Hauptgebäudes, 1949

Bild 166
Julian Schwartzbeim:
Lomonossow-Universität, Lenin-Berge, Moskau.
Turmuhr und Turmspitze, 1949–1953.
Wichtige Abschnitte des Universitätsgebäudes wurden von verschiedenen Architekten vollendet, die unter der Leitung eines Mitglieds der offiziellen Architektengruppe arbeiteten. Die vier mit Uhren versehenen Türme, das Universitätsmuseum und die Turmspitze im Mittelpunkt des Komplexes wurden von Julian Schwartzbeim entworfen Er verwendete Glas, mit Gold metallisiert, um einen möglichst eindrucksvollen Spiegeleffekt zu erzielen.

Bild 166

Bild 167

Bild 167
Georgi Golz:
Gebäude des Marineministeriums, Moskau.
Unrealisiertes Projekt, Innenhof, 1939

In seiner Analyse der Politik Iwans des Schrecklichen merkte Genosse Stalin an, daß Iwan ein großer und weiser Herrscher gewesen sei, der sein Land vor den verheerenden Auswirkungen ausländischer Einflußnahme zu schützen und Rußland zu einigen suchte. Genosse Stalin hob insbesondere hervor, daß Iwan als erster ein staatliches Monopol im Außenhandel durchgesetzt habe, eine Maßnahme, die jeder Nachahmung entbehrte, bis Lenin einige hundert Jahre später die gleiche Entscheidung traf. Genosse Stalin würdigte auch die wegweisende Rolle der oprichnina in Rußland (Verwaltungselite, eine der ersten Vorläuferinnen des KGB), die von Iwan dem Schrecklichen ins Leben gerufen wurde. Er erklärte, daß ihr Leiter, Maljuta Schkuratow, ein bedeutender Feldherr gewesen sei, der im Kampf gegen Livland den Heldentod fand.
Stalin merkte des weiteren an, daß einer der Fehler Iwans des Schrecklichen in seiner Unfähigkeit bestanden habe, die fünf noch verbleibenden Großgrundbesitzer und ihre Familien zu eliminieren und somit seinen Kampf gegen das Lehnswesen zu einem erfolgreichen Abschluß zu bringen. Wäre ihm dieses gelungen, hätte er Rußland die »Zeit der Wirren« erspart. Josef Wissarionowitsch fügte, mit einem Anflug von Humor, hinzu: »Gott stellte sich Iwan in den Weg. Iwan liquidierte eine Großgrundbesitzerfamilie und einen Bojarenclan, nur um den Rest des Jahres damit zu vergeuden, seine ›Sünden‹ zu bereuen und zu bekennen, anstatt noch härtere Maßnahmen einzuleiten.«

N.K. Tscherkassow: *Anmerkungen eines sowjetischen Schauspielers*, Isskustwo, Moskau, 1958.

Die urprünglichen Architekturpläne zeigen viele Hochhäuser, die nicht in einer schlichten Spitze auslaufen. Die Universität sollte beispielsweise von einer Statue gekrönt sein, während beim Ministerium für Auswärtige Angelegenheiten keinerlei Schmuck vorgesehen war. Stalin gefiel jedoch der Wohnblock am Kotelnicheskaja-Kai mit seiner Spitze so sehr, daß er diese Konstruktionsweise für alle neuen Hochhäuser vorschrieb. Spitzen aus metallisiertem Glas hatten in der Vorstellung der Architekten bei strahlendem Sonnenlicht einen sehr wirkungsvollen Effekt.
Die Entscheidung, Hochhäuser mit Spitzen zu bauen, wurde auch von politischen Erwägungen diktiert. Erstens erinnerten sie an die Kremltürme, die ebenfalls erst einige Zeit nach der Errichtung ihre abgestufte Pyramidenform erhalten hatten. Es ist nicht ganz ohne Belang, daß einer der rubinroten Sterne, der während der Restaurierungsarbeiten am Kremlturm entfernt wurde, später das Gebäude am Wosstanjeplatz schmückte.
Zweitens war die Spitze im Zeitalter des »Kampfes mit dem Weltbürgertum« auch ein Mittel, um den Unterschied zwischen den Moskauer Hochhäusern und den amerikanischen Wolkenkratzern zu betonen. Die russischen Versionen ähneln in mancher Hinsicht den amerikanischen Wolkenkratzern, die in den 30er Jahren entstanden, aber sie weisen auch einige entscheidende Eigenheiten auf. Ihre Entwicklung und vielschichtige Konstruktionsweise erinnern an die russischen Kirchen aus dem siebzehnten Jahrhundert, und in den meisten Fällen ist ihre Ausschmückung im russischen Barock des siebzehnten Jahrhunderts gehalten. Der augenfälligste Unterschied liegt jedoch in Zweck und Bedeutung der Hochhausarchitektur: In Amerika ist der Wolkenkratzer letztlich Ausdruck der hohen Grundstückspreise. In Rußland war Land im Besitz des Staates und kostete daher nichts.
In den 20er und 30er Jahren sah Rußland in Amerika eine Art technologisches Vorbild. Man nahm stillschweigend an, daß der Kommunismus den Sieg davontragen würde, wenn es gelänge, russischen Sozialismus mit amerikanischer Technologie zu verknüpfen. Wichtig ist in diesem Zusammenhang auch Lenins berühmter Ausspruch, der die Fassade von Scholtowskis MOGES-Gebäude ziert: Sozialismus ist »Sowjetmacht plus Elektrifizierung des ganzen Landes«. Ein Leitartikel, der 1939 in der Zeitschrift »Architektur der UdSSR« erschien, erinnerte die Leser daran, daß der »Leninismus seinen eigenen Stil geschaffen hat, der seinen Ausdruck in der Verbindung von russischem, revolutionärem Eifer und amerikanischer Effizienz findet.«[4] Während des Krieges stärkten die Zweite Front (im Westen, die Stalin zur Entlastung der Roten Armee ständig forderte und die aus technischen Gründen erst 1944 entstand), das Rüstungshilfeabkommen zwischen Amerika und Rußland und die Konvois, die der Murmansker Flotte Geleitschutz gaben, das Band zu den USA auf verschiedene Weise. Nach dem Krieg wurde Amerika jedoch zum Erzfeind schlechthin erklärt. Die sowjetische Presse leitete ihren bekannten Feldzug ein, der dem »Kampf gegen das Weltbürgertum« galt und sowohl nationalistisch als auch antisemitisch gefärbt war. Mit dieser Kampagne verfolgte man den Zweck, alle vergangenen oder gegenwärtigen Zusammenhänge oder Gemeinsamkeiten mit ausländischem Kulturgut zu leugnen. Die amerikafeindliche Propaganda in Zeitungen und Zeitschriften, die als Sprachrohr der Regierung galten, führte unerbittliche Angriffe gegen einzelne Architekten, wie beispielsweise Burow. Dieser Umstand sollte unmittelbaren Einfluß auf die

Bild 168

Bild 169

Bild 168
Iwan Scholtowski:
Wohnhaus an der Sadowajastraße,
Moskau.
1947

Bild 169
Alexej Mordwinow, W. Oltarschewski,
P. Krasilnikow:
Hotel Ukraina, Moskau.
Detail des Turms, 1957

Bild 170
A. F. Schukow:
Wohnhaus an der Gorkistraße, Moskau.
1948

Bild 170

Formen und den eingeschlagenen Kurs der Architektur in den 50er Jahren haben. »Der Architekt Burow, der die amerikanische Technologie in seinen literarischen Werken verherrlicht hat, ist ein Weltbürger. Seine Worte zeichnen ein lückenloses Bild des erklärten Kosmopoliten, der die sowjetische Architektur und ihre Repräsentanten verachtet und mit liebeskranken Augen auf die dekadente Kultur des imperialistischen Amerika blickt ... Burows entartetes Buch »Auf der Suche nach Einheitlichkeit« wurde zwar nicht veröffentlicht, aber es ist ihm gelungen, einige Kapitel in verschiedenen Fachzeitschriften abdrucken zu lassen und für sein ›Konzept‹ zu werben, indem er bei Tagungen des Verbandes Sowjetischer Architekten aus seinem abscheulichen ›Werk‹ liest.«[5]

Rainer Pöschl bringt mit seiner Beschreibung der »Kathedralen Josef Stalins« die Beziehung zwischen stalinistischer und gotischer Architektur auf den Punkt.[6] Die Bauten ragen in den Himmel und nehmen eine besondere Stellung sowohl im Gefüge der Stadt, als auch im Bewußtsein ihrer Bewohner ein. In dieser Hinsicht ähneln sie tatsächlich Gotischen Kathedralen (das trifft vor allem auf das Ministerium für Auswärtige Angelegenheiten zu, dessen Architekten ausdrücklich die gotische Kathedrale als eine der Vorlagen nennen, an denen sie sich orientierten.)

Diese offiziell abgesegneten Entwürfe für das Moskauer Stadtbild hatten beträchtlichen Einfluß auf die sowjetische Architektur im allgemeinen. Ähnliche Pläne, auf die jeweiligen Bedürfnisse zugeschnitten, entstanden für Stalingrad, Woronesch und Sewastopol; mit Ausnahme des Hauses der Kultur und Wissenschaft in Warschau kamen sie jedoch nie über die Reißbrettphase hinaus. Die Architekturmotive, die sich von den Moskauer Modellen ableiteten, begannen sich jedoch bei den verschiedensten Gebäuden zu wiederholen, z.B. Hotels und Wohnblocks, die verschwenderisch mit Türmen und Spitzen ausgestattet waren.

Anfang der 50er Jahre (zur gleichen Zeit, als die Moskauer Skyline von Grund auf neu geplant wurde) waren die Arbeiten an der Dritten Landwirtschaftlichen Unionsausstellung, die auf Anordnung des Ministerrats der UdSSR im Februar 1947 wiederaufgenommen wurden, nahezu beendet. (Die Leistungsschau sollte ursprünglich noch vor dem Krieg eröffnet werden.)

Den bereits vorhandenen Ausstellungshallen fügte man noch ein Siegesmonument hinzu, aber die Arbeit zog sich über mehrere Jahre hin und das Denkmal wurde erst 1954 vollendet.

Nach der Ausstellung von 1953, die auf dem Gelände der ehemaligen städtischen Mülldeponie nahe dem Neskutschni-Garten stattfand, sank das Leistungsniveau im Bereich der Ausstellungsarchitektur merklich ab. Ob es daran lag, daß sich die sowjetischen Baumeister bis 1953 mit andersgearteten, interessanteren Projekten beschäftigten, ist eine offene Frage. Mit der Ausstellung von 1954 tauchte eine neue Generation von Architekten auf. Es mag ihr an herausragenden Talenten, fundiertem Fachwissen und der Fähigkeit zu stilistischen Verfeinerungen gemangelt haben, aber dafür war sie phantasievoll und setzte auf dramatische Effekte in der Baukunst. Die ihr angehörigen Architekten zeigten außerdem mehr Begeisterung und gleichzeitig eine entkrampftere Haltung gegenüber dem klassischen Ideal als ihre Vorgänger.

Die Fassade des ukrainischen Pavillons war beispielsweise in Form einer Weizengarbe gestaltet. Der Architekt, A. Tazi, hatte dieses symbolträchtige

»Der sowjetische Baustil gebietet Klarheit und Schlichtheit. Übertriebene Ornamentik, ein Überfluß an Formen oder verworrene, unklare und unharmonische Strukturen sind völlig unannehmbar. Wir brauchen die Klarheit und Genauigkeit klassischer Architekturformen, jedoch ohne deren Abstraktion und Dogmatismus. Wir brauchen eben jenes elementare Gespür für das gesamte Repertoire an Materialien, das im Zeitalter des Barock seine Blütezeit erlebte, jedoch ohne dessen Überspanntheit, Rastlosigkeit, Siegesgewißheit und die überreizte Gebärdensprache seiner aufdringlichen Formen. Wir können und werden bei den besten Elementen jeder Tradition Anleihe nehmen; aber wir dürfen niemals vergessen, daß die Tradition uns vor allem die Bedeutung der Originalität und der schöpferischen Unabhängigkeit lehrt.«

A. Fedorow-Dawidow: *Fragen des Stils in der heimischen Inneneinrichtung*, Arkhitektura UdSSR, 1940.

Bild 171
Juri Schtschuko, unter Mitarbeit von J. Stoljarow, S. Nikulin, R. Begunz, P. Platonow, R. Nikitin:
Hauptpavillon der Landwirtschaftlichen Unionsausstellung, Moskau.
1954.
Der Hauptpavillon ist die exakte Nachbildung eines Moskauer Hochhauses, jedoch in kleinerem Maßstab. Das 97 Meter hohe Gebäude ist von Weizengarben und dem goldenen Stern, dem Orden eines Helden der Sozialistischen Arbeit, gekrönt. Es steht auf einem Sockel aus Granit, überragt von Säulen mit bronzenen Kapitellen und Wappenschilden, die das jeweilige Kennzeichen der Unionsrepubliken zeigen. Im Innern befinden sich neun Hallen, von denen die größte der stalinschen Gesetzgebung gewidmet ist.

Bild 171

Bild 172

Bild 172
S. Polupanow:
Pavillon »Nördlicher Kaukasus«, Landwirtschaftliche Unionsausstellung, Moskau. 1954

Bild 173
W. Stopanow, W. Kapirin: Pavillon »Gartenbau und Baumzucht«, Landwirtschaftliche Unionsausstellung, Moskau. 1954

Bild 174
J. Lewinson, unter Mitarbeit von I. Wilner: Pavillon »Leningrad und Nordwestlicher Verwaltungsbezirk«, Landwirtschaftliche Unionsausstellung, Moskau. 1954.
Dieser Pavillon unterschied sich merklich von den anderen der Ausstellung. Er wurde von Mitgliedern der Leningrader Architekturschule entworfen; seine Anlehnung an den Neoklassizismus ist wesentlich ausgeprägter.

Bild 173

Bild 174

Bild 175

Bild 175, 176
R. Kliks, W. Tauschkanow:
Sibirischer Pavillon (heute Pavillon der Kohleindustrie), Landwirtschaftliche Unionsausstellung, Moskau.
1954.
Die Ausschnitte und Ausschmückungen des sibirischen Pavillons zeigen Erzeugnisse und typische Berufe der Region. Die Skulpturen oberhalb der Säulen stellen einen Bauern, einen Jäger, eine Schäferin mit einem Lamm und einen Bergarbeiter dar. Zeitgenössische Kritiker haben darauf hingewiesen, daß sich um die heimischen Weizen und Kiefernzapfen, mit denen der Pavillon geschmückt ist, Weinranken winden, die in dem rauhen Klima des Landstrichs nicht existieren könnten. Ironischerweise waren zu der Zeit, als der Pavillon erbaut wurde, die meisten Bewohner Sibiriens Insassen von Straflagern.

Bild 176

Motiv dem damals beliebten Volkslied »Der goldene Weizen steht wie eine Mauer« entlehnt. Der Pavillon wurde von einer Kuppel mit goldgelben Ähren gekrönt. Der belorussische Pavillon von Georgi Sacharow ähnelte einem klassizistischen Monument mit der Skulptur eines Bauernmädchens in Heldenpose, die vor einer Kolonnade aufgestellt war. Der Wolga-Pavillon besaß ein Fenster aus getöntem Glas mit der Abbildung des Wasserkraftwerks in Stalingrad. Ein Wasserfall ergoß sich durch Öffnungen in der Glaswand in hellblau schimmernde Teiche.

Der Grundriß der Ausstellung und die einzelnen Pavillons spiegelten den Geist des »nationalen Erbes« wider, waren sozusagen archaisch. Der Klassizismus stellte hier einen neuartigen Bautypus dar, bei dem man verschiedene Stile ziemlich willkürlich kombiniert hatte, gelegentlich sogar sehr gelungen – z.B. ein altägyptischer Tempel (aus der Zeit des Neuen Reichs) mit griechischen Karyatiden statt Säulen, die das Gebälk tragen; ein hellenistischer Palast mit holzgeschnitztem Ziergiebel; eine Halle mit romanischem Portal und byzantinischer Kuppel, oder etwa eine römische Kolonnade auf einem sumerischen Podiumsockel.

Die Einzelheiten in der Ausschmückung waren noch phantasievoller. Das klassische Akanthus-Schmuckelement wurde durch eine Weizenähre ersetzt. Dieses Motiv war bei Kapitellen, kleinen Elementen und Springbrunnen vorherrschend, von denen einer sogar »Goldene Ähre« hieß. Ein anderer Springbrunnen mit dem Namen »Völkerfreundschaft« glänzte im Schmuck goldener Figuren, die um Weizengarben tanzten. Symbole gab es in Hülle und Fülle: selbst die Sitzbänke, Mülltonnen und Fahnenstangen waren mit einem Stern oder mit Hammer und Sichel geschmückt und mit den Initialen der Ausstellung beschriftet. Die Lampen in Garbenform, die an kleine griechische Statuen erinnerten, wurden von Weizenähren gekrönt. Diese Friedenssymbole erschienen auch, mit kriegerischen oder Wappenmotiven kombiniert, auf dem Dach des ukrainischen Pavillons, wo Weizengarben inmitten von Hammer, Sichel und Sternen prangten.

Das Konzept des sozialistischen Realismus war hier ebenso deutlich erkennbar wie in der Literatur oder Malerei. Die Aufgabe des Architekten bestand darin, verschiedene grundlegende Prinzipien auf eine Weise darzustellen – und weniger zu interpretieren –, die den Betrachtern am leichtesten zugänglich war. Die Musterbeispiele für einen streng klassizistischen Stil waren hingegen nicht auf Anhieb verständlich. Die Betrachter spürten vermutlich die Freude, den Kult der heroischen Größe und die Klarheit, die hier zum Ausdruck kamen. Aber der vielschichtige Kanon vergangener architektonischer Epochen, Themen und Proportionen überstieg sicher das Begriffsvermögen mancher Ausstellungsbesucher.

Deshalb überrascht es wohl nicht, daß sich 1953 ein Stil entwickelte, der in engem Zusammenhang mit der WDNCh (Ausstellung der Volkswirtschaftlichen Errungenschaften der UdSSR) steht. Zu diesem Zeitpunkt hatten sich diejenigen Gestaltungsprinzipien in der Architektur durchgesetzt, die in der Devise »Unser Erbe meistern« anklingen. Die Folge war, daß die Architekten versuchten, den strengen klassischen Stil zu propagieren. Diese Bewegung zielte darauf ab, den klassizistischen Formenkanon so verständlich zu machen, daß auch der Bergmann im Donezbecken, der Kolchosbauer in Zentralasien oder der Fischer aus dem Baltikum bei Verlassen der Ausstellung das Gefühl hatte,

»Russische Künstler haben die großartigsten und progressivsten Kunstwerke ihrer Zeit geschaffen. Welches andere Land hat denn eine Kunst hervorgebracht, die sich mit der Repins, Surikows und der »peredvizhniki« (die Künstlerbewegung »Wanderer«) vergleichen ließe? Frankreich vielleicht? Kann man wirklich behaupten, die Schöpfungen der Impressionisten – Manet, Degas, Monet, Pissarro, Sisley, Renoir oder Gauguin – besäßen den gleichen Wert wie die politisch engagierten russischen Kunstwerke? Und dennoch gibt es unter uns Menschen, die ihnen huldigen! Sie verehren sogar Cézanne! Ja, wir haben in der Tat noch immer Künstler und Kritiker, die den Impressionismus als größte Errungenschaft der darstellenden Kunst erachten.«

J. Melikadze: *Der Künstler als Krieger an vorderster Front der ideologischen Kunst,* Iskusstwo, 1948.

Bild 177
F. Rechmukow, A. Rosnitschenko: Karelisch-finnischer Pavillon, Landwirtschaftliche Unionsausstellung, Moskau. 1954.
Der geschnitzte Holzgiebel des Pavillons zeigt, wie Bäume gefällt und gepflanzt werden.

Bild 177

Bild 178

Bild 179

Bild 178, 179
Landwirtschaftliche Unionsausstellung, Moskau.
1954.
Die Übersicht zeigt den Springbrunnen »Steinerne Blume« im Vordergrund, mit dem ukrainischen Pavillon zur Linken. Der abgebildete Ausschnitt (Bild 178) dieses Pavillons wurde von dem Architekten A. Tazi geschaffen; er hat eine ocker- und goldfarbene Keramikumhüllung, die ein Weizenfeld darstellen soll. Ein früherer Entwurf wurde von Chruschtschow, damals Erster Sekretär der Kommunistischen Partei der Ukraine, für unangemessen erklärt und diese Version in Auftrag gegeben. Als er zum Ersten Mann im Moskauer Parteiapparat aufgestiegen war, ordnete er die Rekonstruktion des Moskauer Pavillons an, da dieser dem ukrainischen nicht das Wasser reichen konnte.

Bild 180

Bild 180
W. Andrejew, I. Taranow:
Platz der Mechanisierung, mit dem Pavillon »Mechanisierung und Elektrifizierung der Landwirtschaft«, Landwirtschaftliche Unionsausstellung, Moskau.
1954.
Die an zwei Seiten offene Glashalle des Pavillons wurde 1939 errichtet. Sie erhielt zusätzlich ein schweres Eingangstor und facettierte Türme, geschmückt mit Basreliefs. Auf der anderen Seite entstand eine zweigeschossige Halle mit Kuppelwölbung. Auf dem Turm befanden sich, voneinander getrennt, die Skulpturen eines Arbeiters und eines Bauern. Durch Hinzufügen von Kuppel und Portal erhielt das Bauwerk eine gewissen Ähnlichkeit mit dem Dom Santa Maria del Fiore in Florenz. Das überwölbte Tor war aus Spiegelglas. Der Moskauer Pavillon ist im Bild rechts zu sehen.

Bild 181

Bild 181
W. Andrejew, I. Taranow:
Pavillon »Mechanisierung und Elektrifizierung der Landwirtschaft«, Landwirtschaftliche Unionsausstellung, Moskau.
1934.
Blick in das Innere der Kuppelgewölbehalle

Bild 182

Bild 182
J. Jakowlew, I. Schoschenski:
Wolga-Pavillon, Landwirtschaftliche Unionsausstellung, Moskau.
1954.
Diesem Pavillon liegt, mehr noch als jedem anderen der Leistungsschau, ein Thema aus dem militärischen Bereich zugrunde. Die Basreliefs stellen Szenen aus dem Bürger- und dem Großen Vaterländischen Krieg dar, die Skulpturen eines Soldaten und eines Matrosen krönen das Gebäude. Die getönten Glasfenster befinden sich oberhalb von Springbrunnen, deren Wasser kaskadengleich auf beiden Seiten der Fassade hinunterstürzt.

Bild 183
W. Lisizin, S. Tschernobaje:
Pavillon »Viehwirtschaft«, Landwirtschaftliche Unionsausstellung, Moskau.
1954.
Plastiken von Bullen krönen die Säulen des Pavillons, und das Dach ist mit einer Skulpturengruppe geschmückt, die aus Bauern und Bullen besteht. Damals war es für Bildhauer keineswegs ungewöhnlich, preisgekröntes Zuchtvieh als Modell zu benutzen.

Bild 183

Bild 184

Bild 184, 185
K. Topuritze, G. Konstantinowski,
I. Tschaikow, S. Baschenowa, A. Teneta,
N. Rilejewa:
Springbrunnen »Völkerfreundschaft«,
Kolchos-Platz, Moskau.
1954.
Der Brunnen besteht aus einem großen roten Granitbecken, aus dem sich achthundert Wasserfontänen ergießen. Er ist mit sechzehn Frauenfiguren aus vergoldeter Bronze in der Nationaltracht der sechzehn Republiken der UdSSR geschmückt.

СССР

alle Geheimnisse der Architektur wären ihm enthüllt worden. Architektur dieser Art sollte nicht wie ein Sinnbild, sondern ganz unmittelbar erfaßt werden, ähnlich einem Gemälde oder einer Plastik der damaligen Zeit, die für gewöhnlich Titel wie »Feiertag in der Kolchose«, »Vesper auf dem Feld« oder »Arbeitstag eines lettischen Fischers« trugen. Die Bauwerke sollten keine Rätsel aufgeben, sondern jedes noch so kleine Element mußte sich in Worten ausdrücken lassen. Und das bedeutete Salatblätter statt Akanthusverzierungen, Weizengarben statt korinthischer Kapitelle, Widderhörner statt Schnörkeldekor und überlebensgroße Fruchtgirlanden – vom Apfel bis hin zur Ananas. Der Symbolismus war sehr einfach, aber sorgfältig entwickelt, sowohl hinsichtlich des Themas als auch bezüglich der Komposition. Ein einzelner Gipsapfel stand also nicht für sich selbst, sondern repräsentierte (infolge wundersamer architektonischer Gesetzmäßigkeiten) Millionen goldener Apfelbäume in der Ukraine, in Kasachstan oder Rußland.

Die Ausstellung von 1954 war vor allem ein phantastisches Architekturschauspiel, in dem es unzählige Mitwirkende, aber keinen einzelnen Helden gab, und sie sollte ein nicht-menschliches (aber nicht unmenschliches) Bild vermitteln. Sie wurde mit großem Geschick in Szene gesetzt, war jedoch hoffnungslos veraltet und das letzte Gefecht des stalinistischen Stils, der seine Triumphe über seinen zeitlichen Rahmen hinaus fortgesetzt hatte. Es ist zweifelsohne von Bedeutung, daß sich aus dieser Leistungsschau eine permanente Ausstellung entwickelte, denn das übergeordnete Ziel dieser Epoche bestand darin, sich selbst in ein Museum zu verwandeln. Die Gesetze der Dialektik waren per Regierungserlaß geändert worden, und die Zeit stand still.

Eine Fülle anderer Projekte aus den Vorkriegsjahren wurde wiederaufgenommen und dem Wandel in Stil und Prioriäten angepaßt. Neue Bauwerke entstanden in einer Atmosphäre, die von Stärke und Siegesbewußtsein beherrscht war. Das gilt auch für die Metroarchitektur. Von allen nach dem Krieg eröffneten Stationen ist die interessanteste am Komsomolskajaplatz gelegen, die nach einem Entwurf von Schtschussew, Kokorin und Sabolotna ausgeführt wurde. Ein selbstsicherer und üppigerer Stil ersetzte frühere Modelle, wie die majestätischen Lichtsäulen an der Station Palast der Sowjets oder die Station Majakowskaja mit ihren Metallegierungen im Gewölbe. Die neuen Metrolinien unterschieden sich technologisch lediglich dadurch, daß hier mehr Edelmetall als Beton verwendet wurde. Solche Neuerungen erachtete man jedoch nicht mehr als wichtig, da die Ausschmückung nun Vorrang über die rein technische Ausführung erhielt.

Mit dem Entwurf für die Station Komsomolskaja hatte man schon vor dem Krieg begonnen, aber sie wurde erst 1952 eröffnet. Während der Arbeiten an der unterirdischen Halle erneuerte Schtschussew auch den oberirischen Zugang am Komsomolskaja-Platz; er verbreiterte die Halle und krönte sie mit einer hohen Kuppel in Form eines Helms, wie ihn die altrussischen Krieger getragen hatten. Ein unvermuteter Anblick erwartete die Besucher auch in der unterirdischen Halle. Das Mittelschiff übertraf alle in Moskau vorhandenen Metrohallen allein durch seine Größe. Jede der älteren Stationen hätte in dem illuminierten, mit üppigem Dekor ausgestatteten Gewölbe Platz gefunden.

Schtschussew beschrieb sein Werk als eine prachtvolle »Siegeshalle«, ein Vergleich, der an bestimmte phantastisch anmutende Kriegsmonumente in Form einer Totenstadt oder eines griechischen Pantheon erinnert. Ein ähnlicher

»Unsere großen Städte und Industriezentren haben ihr äußeres Erscheinungsbild verändert. In den kapitalistischen Ländern sind die Slums zu einem ubiquitären Merkmal der Metropolen geworden. Bei diesen sogenannten Arbeitervierteln in den Randbezirken der Städte handelt es sich um eine geballte Anhäufung finsterer, feuchter, heruntergekommener Räumlichkeiten, die sich vornehmlich im Kellergeschoß befinden. Hier drängen sich die Armen zusammen, im Schmutz kriechend und ihr Schicksal verfluchend. Die Revolution hat die Elendsquartiere in unserem Land vollständig abgeschafft und sie durch helle, freundliche Wohnungen für die Werktätigen ersetzt; in vielen Fällen bieten die Arbeiterviertel nun einen erfreulicheren Anblick als die Stadtzentren selbst ... Die Unterschiede zwischen Stadt und Land sind im Schwinden begriffen.«

Josef Stalin: *Rede vor den Delegierten des XVII Parteitage der KPdSU.*

Bild 186
Grigori Sacharow, Sinaida Tschernischewa:
Belorussischer Pavillon, Landwirtschaftliche Unionsausstellung, Moskau.
1954.
Der Kolonnadeneingang zum Pavillon führt unmittelbar in diesen kleinen halbrunden Innenhof. Die schlanken Säulen mit farbiger Keramikornamentierung verleihen dem Gebäude ein grazileres und schmuckvolleres Aussehen, als es andere, nach »gehaltvolleren Themen« gestaltete Pavillons haben.

Bild 186

Bild 187

Bild 187
Grigori Sacharow, Sinaida
Tschernischewa:
Belorussischer Pavillon, Landwirtschaftliche
Unionsausstellung, Moskau.
1954

Bild 188

Bild 188
A. Schukow, A. Grawes:
Pavillon »Ackerbau«, Landwirtschaftliche
Unionsausstellung, Moskau.
1954

Bild 189

»Die jüngste Vergangenheit ist eine Zeit gewesen, in der die Architektur einen schöpferischen Wandel (Perestroika) erfuhr. Es wäre ein Fehler anzunehmen, die Schlacht sei bereits gewonnen. Die Worte Chruschtschows aus dem Jahr 1958 sollten uns ständig daran erinnern: ›Es gibt noch immer einige Architekten, die nicht von der Gewohnheit lassen können, unnötigen Aufwand bei der Gestaltung von Gebäudefassaden zu betreiben.‹ Für eine derartige Verschwendung finden sich zahllose Beispiele in Metrostationen, Klubs und anderen öffentlichen Gebäuden. Sie zeigen, daß die Politik der Perestroika noch nicht abgeschlossen ist. Viele Menschen mißverstehen ihr wahres Ziel und sehen darin ausschließlich die nachlassende Verwendung exzessiver Ornamentik in der Baukunst. Das wichtigste Anliegen der Perestroika ist jedoch eine radikale, vollständige Kursänderung in der Architektur.«

A. Wlassow, Vizepräsident der Sowjetischen Akademie für Bauwesen und Architektur, Iswestija, 25. November 1959.

Bild 189
S. Polupanow:
Usbekischer Pavillon, Landwirtschaftliche Unionsausstellung, Moskau.
1954.
Die filigranen Freiluftplastiken mit ihren archetypischen Formen symbolisieren die volkstümliche Architektur Usbekistans. Die Höhe der Nationalitäten-Pavillons war unterschiedlich und richtete sich streng nach der Bedeutung, die man der jeweiligen Unionsrepublik beimaß. Folglich hatte der Hauptpavillon eine Höhe von 97 Metern, der Moskauer von 52 Metern und der usbekische von nur 27 Metern.

Größenmaßstab wurde nun beim Bau von Metrostationen angelegt, und der Stil war ebenso überraschend. Am Ende seines Lebens kehrte Schtschussew zu jenem Ansatz zurück, der ihm zu Beginn des Jahrhunderts Ruhm eingetragen hatte – einer virtuos ausgeführten, typisch russischen Stilisierung mit Art-Nouveau-Elementen (Jugendstil). Diese Lösung war nach Meinung aller Kommentatoren durch die Nähe zum Kasaner Bahnhof gerechtfertigt, der im Jugendstil gehalten war.
Die benachbarte Station Komsomolskaja-Radialnaja (ehemals KIM, oder Kommunistische Internationale Jugend) wurde 1935 vollendet. Der Architekt Tschetschulin entwarf für diese Station Kapitelle mit klar erkennbarem ideologischem Gehalt, bei denen das Komsomol-Emblem durch die üblichen Akanthus-Verzierungen ersetzt worden war. Hier gab es keine einfachen Symbole, die den Geist des sowjetischen Staatswesens bildhaft darstellen und große Augenblicke der russischen Geschichte verherrlichen sollten. Mosaiken und Basreliefs erinnerten an die berühmten Russischen Helden und Siege. Pawel Korin entwarf die Mosaiken, auf denen Alexander Newski, Dmitri Donskoi, Suworow, Kutusow, Lenin und Stalin verewigt waren.
Die Halle ist prächtig und strahlt sowohl würdevollen Ernst als auch ungebremste Kraft aus. Schtschussew entwickelte sehr sanfte Linien für Gesimse, medaillenförmige Ornamentmotive und Kapitelle, die sich eng an den russischen Barock anlehnen. Interessant ist, daß hier das Weltreichthema nicht in Variationen eines weiterentwickelten Klassizismus, sondern in einem neuen Stil seinen Ausdruck findet. Er ist weicher, majestätisch, dabei aber eklektisch und bedient sich auf subtile Weise folkloristischer russischer Motive.
Selbst das Bildnis Stalins war nicht mehr vorherrschend und allgegenwärtig. Er wurde nun inmitten von Kriegern, Fürsten und Heiligen dargestellt, gemeinsam mit den großen Heerführern des zaristischen Rußland. Vielleicht sollte damit angedeutet werden, daß Stalin nicht unsterblich war, daß auch er – irgendwann einmal – seinen Platz in der russischen Geschichte einnehmen würde. Kein Architekt der stalinistischen Periode hätte damals dieser Deutung zugestimmt, ja nicht einmal sich selbst eingestanden, daß es eine solche Interpretationsmöglichkeit gab.
Während dieser Siegesstimmung begann der allmähliche Niedergang der Stalin-Ära, obwohl noch eines der imposantesten stalinistischen Bauwerke vollendet wurde: Der Wolga-Don-Kanal, der Weißes, Baltisches, Kaspisches, Asowsches und Schwarzes Meer miteinander verbindet. Der Kanal war »göttliche Architektur« im Wortsinn – auf Geheiß des großen Führers entstanden neue, von Menschenhand geschaffene Seen und Flüsse in der Steppenlandschaft.
Daß Stalin das Vorhaben Alexanders des Großen verwirklichen und Schwarzes und Kaspisches Meer verbinden konnte, paßte ausgezeichnet in seine Pläne, seinen Machtbereich zu erweitern. Hier handelte es sich um den erstaunlichen Versuch, den neuen Stil auf alle Lebensbereiche auszudehnen.
Der Kanal wurde von »Hydroprojekt« entworfen, einem Institut, das man eigens für solche Bauvorhaben gegründet hatte. Es war geplant, den Wasserspiegel des Don um 26 Meter zu heben und den riesigen Zimlijanski-Stausee und mehrere neue Reservoirs anzulegen. Eine Wasserstraße von 540 Kilometern Länge entstand, davon 104 Kilometer schiffbar mit 13 Schleusen, die die Wolgaschiffe auf eine Höhe von 88 Metern anheben und sie dann um 44

Bild 190

Bild 191

Bild 190, 191
A. Saizew:
Pavillon der Kaninchenzüchter, Landwirtschaftliche Unionsausstellung, Moskau.
1954.
Kaninchen wurden in Rußland in umfangreichem Ausmaß wegen ihres Fells gezüchtet. Der offene Hof mit seinen Sockeln, auf denen goldfarbene Mädchen silberne Kaninchen in den Armen halten, ist eine romantisch-verklärte Huldigung an ein höchst nüchternes Gewerbe.

Bild 192
W. Tuchanow, A. Sacharow, F. Najumow:
Moldawischer Pavillon, Landwirtschaftliche Unionsausstellung, Moskau.
1954

Bild 192

Bild 193

Bild 194

Boris Pilnjak, einer der begabtesten der von Stalin liquidierten Schriftsteller, schrieb in seiner Erzählung »Krassnoye Derevo«: »Menschen sterben, aber Objekte leben fort – und Objekte aus der Vergangenheit strömen das Wesentliche der geschichtlichen Vorzeit und längst vergangener Epochen aus.«

Meter auf den Don senken sollten. Am 31. Mai 1952 trafen sich die Bautrupps (die sich aus entgegengesetzter Richtung vorgearbeitet hatten); am 27. Juni desselben Jahres wurde der Kanal eröffnet.

Bei der Allunions-Kunstausstellung von 1952 (in der Tretjakow-Galerie) zeigte B. Smoljaks Plakat »Der Traum des Volkes wird wahr« einen jugendlich wirkenden, vergnügten Stalin an Deck eines Schiffes, das sich in der Nähe des wundervollen Brückenbogens von Schleuse Nummer 1 befand. Auf dem Rettungsring waren die Worte »Wolga-Don« zu lesen. In Wirklichkeit war der Wolga-Don Kanal für die Wirtschaft der Nachkriegszeit jedoch eher ein Mühlstein am Hals als ein Rettungsanker.

War der Bau des Kanals tatsächlich notwendig? »Die Hydroprojekt-Architekten verschwendeten keinen Gedanken an diese Frage – sie hatten alle Hände voll damit zu tun, die bautechnischen Probleme zu lösen.«[7] Während sie harmonische Integration predigten, verstreuten sie ein weitverzweigtes Geäst von Bauten über die Steppe, die in ihrer Gesamtheit nur vom Flugzeug aus sichtbar waren. Selbst in einem der schnellen Kampfflugzeuge, die im Zweiten Weltkrieg Fronteinsätze geflogen hatten, wäre der Flug über das riesige Gebiet nicht unter einer Stunde beendet gewesen. Einen wunderbaren Ausblick auf dieses gigantische Projekt hat man hingegen, wenn man auf dem Deck eines langsam dahingleitenden Kreuzfahrtschiffes steht, umgeben von der idyllischen Steppenlandschaft und, plötzlicher Szenenwechsel, einem künstlichen See.

Die Pumpstationen wurden mit Triumphbögen versehen, geschmückt mit zahlreichen Basreliefs und Skulpturgruppen. Die Künstler, die sie geschaffen hatten, erläuterten, daß viele bedeutende Schlachten des Zweiten Weltkrieges in der Steppe stattgefunden hätten. Schleuse Nummer 13 steht beispielsweise an dem Platz, wo die sowjetische Gegenoffensive vor Stalingrad und am Don stattfand. Hier wurde die 6. Armee unter General Paulus am 23. November 1942 eingekesselt. Das Projekt enthielt viele Gedächtnisthemen und Hunderte von Strukturen, bei denen jedes einzelne Element – angefangen vom Leuchtturm bis hin zum Maschinenhaus – als Monument betrachtet wurde. Darüber hinaus hielt die 26 Meter hohe Bronzefigur Stalins von Jewgeni Wutschetitsch ihre schützende Hand über den gesamten Kanal.

Selbst eine ganz gewöhnliche Schiffsreise – sogar in einer Deck- oder Dritter-Klasse-Kabine – sollte einer Pilgerfahrt zu den Gedächtnisstätten gleichen. Zu dieser Idee wurde man wohl durch das urplötzliche Erscheinen der geisterhaft weißen Brückenbögen inspiriert, die mit Skulpturen von G. Motowilow geschmückt waren. Sie sind so phantastisch, daß sie heute wie ein Vorgeschmack auf die Ewigkeit anmuten. Sobald das Kanalprojekt realisiert war, wurde es zu einem Denkmal, das sich die stalinistische Ära selbst setzte.

Bild 193
L. Poljakow, R. Jakubow, F. Topunow und andere:
Schleusentor, Wolga-Don-Kanal.
Skizze

Bild 194
L. Poljakow, R. Jakubow, F. Topunow und andere:
Schleuse Nr. 9, Wolga-Don-Kanal.
Entwurf.
Die Zeichnung ist von Poljakow signiert, jedoch undatiert

Bild 195

Bild 195, 196
Alexej Schtschussew, Pawel Korin und andere:
Metrostation Komsomolskaja, Moskau. Haupthalle, 1952.
Diese unterirdische Halle wurde auf Stahlsäulen errichtet. Das weitläufige Mittelgewölbe ruft eine wesentlich geräumigere Wirkung hervor als die anderen, meist ähnlich tief angelegten Metrostationen. Die Ornamentierung ist nach stalinistischem Stil sehr üppig gehalten.

Bild 196

Bild 197

Bild 197
L. Poljakow:
Metrostation Kaluschskaja (heute Oktjabrskaja), Moskau.
1949-1950.
Die Station entstand in der vierten Bauphase der Untergrundbahn; sie gehört zu der nach dem Krieg errichteten Ringlinie. Die ersten sechs Stationen konnten 1949 fertiggestellt und alle zwölf zur Linie gehörigen 1954 in Betrieb genommen werden. Die Details – Beleuchtung, Türgitter und Ornamentierung – wurden von Poljakow im Empirestil russischer Prägung entworfen. Hinter den sanft angeleuchteten Toren verbirgt sich nichts weiter als ein Treppenaufgang für die Bediensteten. Die Skulpturen stammen von dem Bildhauer Georgi Motowilow. Die Girlandenreliefs aus Keramik sind in Gold gehalten, der Boden besteht aus rotem Granit und die Wände aus farbigem Marmor.

Bild 198
Wladimir Gelfreich, Michail Minkus:
Metrostation Botanitscheski Sad (heute Prospekt Mira), Moskau.
1951.
Die Basreliefs stammen von Motowilow und zeigen Szenen aus der Landwirtschaft; auch die Details der Station stellen landwirtschaftliche Erzeugnisse dar. Die Haupthalle ist von den Bahnsteighallen getrennt, so daß der Eindruck eines palastartigen Korridors entsteht.

Bild 199
W. Jegerew, M. Konstantinow, Felix Nowikow, Igor Pokrowski:
Metrostation Krasnopresnenskaja, Moskau.
1944

Bild 198

Bild 199

Bild 200
N. Gaigorow, M. Barchin:
Wohnhaus am Smolenskaja-Kai, Moskau.
1954

Bild 201
E. Ribitzki:
Wohnhaus an der Tschlakow-Straße,
Moskau.
1948.
Die nach dem Krieg erbauten Wohnblocks erinnerten in ihrer Monumentalität an mittelalterliche Festungen. Die luxuriösen Wohnungen und breiten Treppenaufgänge ähneln den großen Privathäusern, die während der Jahrhundertwende entstanden und sich in der Regel im Besitz der Ministerien befanden. Ribitzki wurde nach Fertigstellung des Gebäudes mit dem Stalinorden dritter Klasse ausgezeichnet. Chruschtschow machte diese und gleichzeitig die Auszeichnung rückgängig, die den Architekten des Hotels Leningrad verliehen worden war – ein in der Geschichte der sowjetischen Architektur einmaliges Ereignis.

Bild 202, 203
Alexander Wlassow und andere:
Gebäude an der Krestschatikstraße in Kiew.
1954.
1944 wurde ein Wettbewerb für die Rekonstruktion der Krestschatikstraße angekündigt, der Prachtstraße Kiews, Hauptstadt der Ukraine. Unter anderen beteiligten sich auch Wlassow, Alabjan und Golz daran. Der Entwurf, der schließlich ausgewählt und realisiert wurde, basiert auf der Arbeit eines Kollektivs unter der Leitung von Wlassow – Moskauer Architekt, ehemaliges Mitglied der WOPRA-Gruppe und später Präsident der Ukrainischen Architekturakademie. Das Projekt wurde nach einem detaillierten Relief der Kiewer Berge gestaltet, jedoch sehr schöpferisch interpretiert. Die Fassaden sind wegen ihrer üppigen Ausschmückung und der Verwendung von Keramiken sehenswert. Die 1954 umgestaltete Krestschatikstraße wurde später zur vorrangigen Zielscheibe des Kampfes gegen die Unmäßigkeit in der Architektur, die man in der Reformphase Chruschtschows anprangerte.

Bild 200

Bild 201

Bild 202

Bild 203

Bild 204

Bild 204, 205, 206
M. Sinjawski:
Wohnblock an der Gorkistraße, Moskau.
1939.
Diese Fotografien, kurz nach 1945 aufgenommen, zeigen Salon, Speise- und Schlafzimmer. Die Wohnung war nach damaligen Maßstäben ungewöhnlich geräumig und luxuriös, angemessen für einen hochrangigen Parteifunktionär oder Angestellten eines Ministeriums.

Bild 205

Bild 206

Bild 207

Bild 207, 208
Iwan Scholtowski:
Hippodrom, Moskau.
1949-1955.
1949, nach einem Brand, blieb nur noch das Gerüst der Haupttribüne von der 1889 erbauten Moskauer Pferde- und Trabrennbahn übrig. Scholtowskis Entwurf für die neue Haupttribüne hatte eine monolithische Struktur aus Stahlbeton. Obwohl sie 3 500 Zuschauern entlang einer vierspurigen Rennstrecke Platz bot, gelang es, einen Teil ihrer ursprünglichen anmutigen Linienführung und Eleganz beizubehalten. Bei der Neugestaltung der Fassade brachte Scholtowski ein gewisses Maß an Freizügigkeit und Theatralik in die Architektur ein. Von den beiden Quadrigen des alten Bauwerks, die das Feuer überdauert hatten, verwendete er nur eine, die den Portikus krönt. Mit den Pferden des anderen Viergespanns krönte er die Ecken des Attikageschosses.

Bild 208

Bild 209

NACHWORT

Es ist kein Zufall, daß die rückwärtsgewandte Architektur der Stalinzeit über den Konstruktivismus, die russische Version der Bewegung der Moderne, siegte. Aus welchen Gründen und wie dies geschah, ist in diesem Buch beschrieben. Sowohl die ländliche als auch die städtische Bevölkerung Rußlands unterlagen einem radikalen Wandel. Das Volk und seine neuen Führer – vornehmlich bäuerlicher Herkunft – verlangten »Paläste«. Der Klassizismus befriedigte die politischen Ansprüchen der Kreml-Oberen in stärkerem Maß als der weltläufige, konstruktivistische Stil. Dazu kam, daß der Konstruktivismus in Mißkredit geriet, weil die Qualität des verfügbaren Baumaterials mangelhaft war, was eine unvermeidliche Wirkung auf das Endergebnis hatte.

Die Neigung zum Klassizismus war in der sowjetischen Architektur schon immer sehr stark ausgeprägt, schon vor der Stunde seines endgültigen Triumphes. Davon zeugen der Obelisk zu Ehren der Verfassung in Moskau, das Propyläum des Smolny-Instituts und das Monument zu Ehren der Opfer der Revolution auf dem Marsfeld in Leningrad. Es ist mit einem Zitat Lunatscharskis geschmückt, das an die homerische Auffassung vom Tod erinnert: »In den roten, schrecklichen Tagen lebte man prachtvoll und starb ehrenvoll.« Die klassischen Prinzipien von Form und Komposition wurden nach Maß zurechtgeschneidert, um revolutionäre Ereignisse zu preisen.

Obwohl Aufträge für klassizistische Bauten infolge der konstruktivistischen Vorrangstellung zeitweilig vom Zeichenbrett verbannt wurden, konnten sich selbst die engagiertesten Modernisten nicht völlig dem nachhaltigen Einfluß des Hellenismus entziehen. Mitte der 30er Jahre waren klassische Themen zur Pflichtübung geworden, und das kulturelle Klima in der Sowjetunion hatte allmählich einen klassizistischen Anstrich erhalten. Die Aufmärsche der Turner, ganz in Weiß gekleidet, die muskulösen Körper, die Rodschenkos und Ignatowitschs aufreizende Photographien beherrschten, die freskoähnlichen Ölgemälde von Deineke, auf Leinwand gemalt, und die allgegenwärtigen Gipsstatuen heroischer Arbeiter, die im Dienste des Staates Fronarbeit leisteten – alle diese kulturellen Aussagen erweckten den Eindruck, daß sich hier ein Land redlich mühte, einen Idealstaat nach griechischem Vorbild neu zu erschaffen. Das Schlagwort vom klassischen Erbe wurde in den 30er Jahren ziemlich frei ausgelegt. Der Konstruktivismus war zu dieser Zeit noch nicht völlig erledigt. Die Arbeit an zahlreichen konstruktivistischen Bauten wurde mit nur wenigen Zugeständnissen an die neuen Gepflogenheiten in der Architektur fortgeführt. Neue Auftragsentwürfe verwendeten den Architekturkanon hingegen auf ziemlich unorthodoxe Weise – ein Beispiel sind die Gebäude von Fomin im »roten dorischen Stil« – oder unterwarfen ihn einer exotischen Neuinterpretation, wie man am fünfzackigen Stern des Theaters der Sowjetarmee sieht oder auch an den außergewöhnlichen, mehrstufigen Säulen des Bauwerks, das den Ministerrat der Ukraine beherbergt.

Während der ersten Phase der doktrinären Bestrebungen, »das historische Erbe zu meistern«, bemühten sich die Architekten ernsthaft, gemäß dem klassischen Formenkanon zu arbeiten und die auf dem Reißbrett bereits perfekten Städte weiter zu vervollkommnen.

Nach dem Krieg entwickelte sich ein andersgearteter Ansatz, den der Kunstkritiker Abram Efros in den 20er Jahren vorausgesehen hatte. »Unsere Kinder werden die gleiche Erfahrung machen, die wir gemacht haben. Wir verschlangen jeden rhetorischen Satz der Helden der Französischen Revolution, bewunderten ihre beinahe priesterlichen Festlichkeiten und die altertümlichen Depeschen, die ihre Generäle einander zusandten; wir konnten nicht glauben und glaubten auch nicht, daß die Revolution nicht mehr war als eine Fata Morgana, eine Illusion, der Tagtraum eines Bettlers ...; und das genaue Gegenstück der Revolution, die wir erlebt hatten, wurde in unseren Gedanken

Bild 209
Haus der Kultur, Glühbirnen- und Lampenfabrik, Moskau.
Portikus, Ausschnitt

heraufbeschworen.»[1] Desgleichen war die Neigung aller Künste in der stalinistischen Ära, ein Idealbild vom erbaulichen, glücklichen Leben in der Sowjetunion zu zeichnen, indirekt ein Eingeständnis, daß das System unfähig war, seinen eigenen Ansprüchen zu genügen. Je stärker die zeitgenössische Architektur an der Tradition festhielt, desto mehr wurde sie zur Makulatur, in das Reich der Phantasie entrückt. In den 50er Jahren waren selbst ganz gewöhnliche Wohnblocks von diesem Prozeß nicht mehr unberührt geblieben. Die Wände wurden bemalt oder mit den eingelegten Bildern antiker Städte oder herrschaftlicher Paläste ausgestattet. Die unteren Stockwerke oder sogar mehrere Etagen eines Gebäudes waren mit Granit verkleidet, und darüber beschworen mehrstufige Kolonnaden das Bild prächtiger Galerien herauf. Und auf einer noch höheren Raumebene befanden sich Portiken mit ausgewogenen Proportionen, die an klassische Tempel erinnerten. Auch die Dächer waren üppig verziert; sie besaßen Lichtkuppeln, die von goldenen Weizengarben und weißen Balustraden gekrönt und mit Obelisken und großen Vasen geschmückt waren.

Den Palästen, die die Straßen dieser metaphysischen Städte säumten, fehlten nur die geeigneten Bewohner – mit so idealen Eigenschaften, wie die Bauten selbst sie aufwiesen –, die um die Galerien entlangschlendern, in den Pavillons meditieren oder herablassend von den prachtvollen Loggien hinunterblikken könnten. Der Zweck der Portiken und Kolonnaden bestand darin, ein Idealbild der Wirklichkeit vorzugaukeln und die Aufmerksamkeit von der Freudlosigkeit des sowjetischen Alltags abzulenken. Die »Paläste« und »Tempel« bildeten eine Stadt für sich, die neben der realen Stadt existierte. Die Auffassung der imaginären Stadt als eines absoluten Ideals jenseits aller Realität – als ein erreichbares und unerreichbares Ziel zugleich – ist der Schlüssel zum Verständnis der utopischen stalinistischen Architektur.

Am 5. März 1953 starb Stalin in seiner Datscha außerhalb von Moskau. Eine Marmorinschrift für das Lenin-Mausoleum mit den Worten »LENIN-STALIN« war noch immer unvollendet, als Chruschtschow Berija, den Leiter des NKWD, in einen Machtkampf um die politische Kontrolle des Landes verstrickte. Berija wurde bei einer Sitzung im Kreml verhaftet und unmittelbar danach erschossen. Chruschtschow machte sich nun daran, weitere Handlanger Stalins zu eliminieren, unter ihnen Molotow, Kaganowitsch, Woroschilow und Bulganin. Während des 20. Parteitags legte er einen geheimen Bericht über den Personenkult und seine Folgen vor, der Stalin und seine repressive Politik verurteilte. Chruschtschow gewährte vielen politischen Gefangenen Amnestie und gab den Bauern das Recht auf eine Kennkarte – eine Art Paß für das Inland – zurück, die ihnen größere Freiheit bei der Wahl des Arbeitsplatzes oder Wohnortes einräumte.

Chruschtschows Entschlossenheit, das Land vom Stalinismus zu befreien, war so groß, daß er sich sogar bereit zeigte, einen Handel mit Stalins »Lieblingsspielzeug«, der Architektur, einzugehen. Er fand unter den Baumeistern selbst etliche Ratgeber, die eifrig darauf bedacht waren, seinen Zorn auf die »architektonischen Exzesse« des stalinistischen Pseudoklassizismus zu lenken.

Im September 1953 wurde die Moskauer Lomonossow-Universität in den Lenin-Bergen – ein Hochhaus, das sämtliche Exzesse des Stalinismus verkörpert – mit großem Pomp eingeweiht. Anfang 1954 ernteten ähnliche Hochhäuser am Kotelnicheskaja-Kai und Konsomol-Platz, aber auch die neuesten Metrostationen, deren Eröffnung anstand, und die Pavillons der Landwirtschaftsausstellung scharfe Kritik. Dann löste Chruschtschow die Architekturakademie auf, ein einmaliges Ereignis in der Geschichte der sowjetischen Architektur. Er erkannte Poljakow und Boretzki, den Architekten des Hotel Leningrad, und Ribitzki, der das NKWD-Gebäude an der Tschkalow-Straße entworfen hatte, die verliehenen Stalin-Preise ab.

Die grandiose Ära der stalinistischen Architektur erhielt ihr symbolisches Nachwort 1958, vier Jahre nach dem Ende der "Epoche des Personenkults", mit der Eröffnung eines riesigen Freiluftschwimmbads in Moskau. Es war von Dmitri Tschetschulin entworfen und auf eben dem Fundament erbaut worden, das man für den Palast der Sowjets gelegt hatte.

BIOGRAPHISCHE DATEN

Karo Alabjan

Karo Semjonowitsch Alabjan (1897–1959) gilt, obwohl nur wenige seiner Projekte vollendet wurden, als einer der führenden sowjetischen Architekten der Jahre 1930–1950. Seine ungebremste Energie und sein Organisationstalent waren ein Hindernis für seine schöpferischen Ambitionen und brachten ihn in führende Positionen im Verwaltungsbereich.

In seiner Jugendzeit war Alabjan Revolutionär aus Berufung und arbeitete im kommunistischen Untergrund im Kaukasus. Nach der Konsolidierung der Sowjetmacht kämpfte er gegen die »dashnaks«, die Mitglieder der Armenischen Volkspartei. 1923 schickte ihn die Kommunistische Partei Armeniens zum Studium nach Moskau. Er besuchte die WChUTEMAS (Höhere Künstlerisch-Technische Werkstätten, später Moskauer Surikow-Kunsthochschule), an der Modernisten wie Ladowski, Dokutschajew und Krinski unterrichteten.

Nach Beendigung seines Studiums wurde er Gründungsmitglied der WOPRA (Allunionsverband Proletarischer Architekten). Sie gehörte zu den radikalsten Splittergruppen und setze sich für die Entwicklung einer stark ideologisch befrachteten, »proletarischen« Architektur ein.

Gemeinsam mit einem Kollektiv gleichgesinnter Kollegen nahm Alabjan am Wettbewerb für den Entwurf des Palasts der Sowjets teil. Das wichtigste Ereignis in seiner künstlerischen Laufbahn war die Planung des Theaters der Sowjetarmee in Moskau (1934, zusammen mit Simbirzew), damals nach dem Palast der Sowjets das prestigeträchtigste Bauprojekt der Hauptstadt. Vergleichbar der Symbolik christlicher Kathedralen mit ihrem kreuzförmigen Grundriß, wurde das Theater in Form eines fünfzackigen Sterns, Symbol der Roten Armee, erbaut. Alabjans Beitrag zur Rekonstruktion von Stalingrad und der Entwurf des Pavillons der Armenischen Sowjetrepublik für die Landwirtschaftliche Unionsausstellung (1939, gemeinsam mit Safarjan) zählt zu den bedeutendsten Architekturleistungen der stalinistischen Periode.

Alabjan bekleidete führende Stellungen sowohl im Verband der Architekten der UdSSR als auch in der Architekturakademie. Infolge seiner »freizügigen Einstellung gegenüber ideologisch schädlichen Theorien« wurde er jedoch seines Postens als Präsident der Akademie enthoben, als man dem »Kosmopolitismus« den Kampf ansagte. Danach war er in erster Linie als Leiter der Moskauer Planungsabteilung für die Leningrader Region tätig.

Dmitri Tschetschulin

Dmitri Nikolajewitsch Tschetschulin (1901–81) baute vornehmlich in Moskau; er erhielt die in den Augen der Öffentlichkeit wichtigsten Aufträge und die besten Standorte für seine Bauprojekte.
Er gehörte der Roten Armee an und besuchte unmittelbar nach seinem Ausscheiden die WChUTEMAS (Höhere Künstlerisch-Technische Werkstätten). Er studierte bei Schtschussew, der zu den einflußreichsten sowjetischen Architekten seiner Zeit mit einem breitgefächerten, eklektizistischen Repertoire gehörte. Tschetschulin paßte sich den Wünschen seiner Auftraggeber mühelos an und arbeitete in gleich welchem Stil – angefangen von konstruktivistischen Bauwerken bis hin zu Kirchen nach altrussischem Muster.

Alexej Duschkin

Alexej Nikolajewitsch Duschkin (1904–77) arbeitete an einer Reihe von Projekten im Verkehrswesen mit, so zum Beispiel am Bau von Metrostationen und Bahnhöfen. Auf diese Weise befand er sich ständig im Blickfeld des allmächtigen Volkskommissars für Kommunikation, Lasar Kaganowitsch. Vermutlich wurde Kaganowitsch zum ersten Mal auf Duschkin aufmerksam, als dieser Ende der 20er Jahre die neuen Bergarbeitersiedlungen im Donezbecken, Schwerpunkt der Kohleindustrie, entwarf. In dieser Zeit war Kaganowitsch Chef der Kommunistischen Partei der Ukraine.

In Moskau nahm Duschkin am Wettbewerb für den Entwurf des Palasts der Sowjets teil und gehörte später dem vielköpfigen Architektenkollektiv an, das mit den Konstruktionsarbeiten begann.

Die berufliche Anerkennung kam im Anschluß an den Bau der Metrostation Palast der Sowjets (1935, heute Kropotkinskaja, gemeinsam mit Lichtenberg entworfen). Später folgten, von unbestrittenem Erfolg gekrönt, weitere Projekte dieser Art: die Stationen Revolutionsplatz (1937), Majakowskaja (1938) und, während der Kriegsjahre, Autosawodskaja.

Nach dem Krieg arbeitete er an der Planung einer Reihe von Eisenbahnstationen in Stalingrad, Simferopol, Dnjepropetrowsk und Sotschi. Er zeichnete auch für die Gestaltung einer der originellsten Moskauer Metrostationen verantwortlich: Nowoslobodskaja (1951, gemeinsam mit Strelkow).

Darüber hinaus entwarf Duschkin eines der Hochhäuser in der sowjetischen Metropole: den riesigen Prunkbau des Verkehrsministeriums (1951, mit Mesenzew und anderen) und den Monumentalbau Dezki Mir, das berühmte Kinderkaufhaus am Dserschinski-Platz in Moskau (1955, in Zusammenarbeit mit einem Architektenkollektiv).

Dreimal, in den Jahren 1941, 1946 und 1949, wurde Duschkin der Stalin-Preis zuerkannt, die höchste Ehrenbezeugung für die Kulturschaffenden des Landes. Nach Stalins Tod und den von Chruschtschow eingeleiteten Veränderungen entwarf er Gedenkstätten und Monumente, einschließlich einiger Lenin-Standbilder. Er war Lehrer am Moskauer Institut für Architektur.

Iwan Fomin

Iwan Alexandrowitsch Fomin (1872–1937) war der führende Vertreter der neoklassizistischen Schule Leningrader Architekten, die eine wichtige Rolle bei der Entwicklung des stalinistischen Stils spielte.
Die Leningrader Architekturschule gründete auf den vorrevolutionären Werken Fomins. Er war ein herausragender Konstruktionszeichner, dessen Stil dem der Petersburger Künstlergruppe »Mir Iskusstwa« (Welt der Kunst) ähnelte. Er verwendete häufig Radierungen, wenn er an einem Entwurf arbeitete.
Vor der Revolution war Fomin an der Errichtung von mehr als fünfzig Bauwerken beteiligt und machte sich vor allem einen Namen mit den Entwürfen für Wohnhäuser. Zu den interessantesten zählen der Obolenki-Landsitz am Saimaasee in Finnland und die Palais der Familien Polowzew und Abamalek-Lasarew in St. Petersburg. Diese Arbeiten brachten ihm 1915 die Berufung in die Architekturakademie.
Fomin lehnte sich eng an klassizistische Vorbilder des neunzehnten Jahrhunderts an und verfaßte mehrere Kapitel von Grabars »Geschichte der Russischen Kunst«. Die Idealisierung der Revolution, die sich noch in seinem Entwurf für den Palast der Arbeiter in Petrograd (1919) manifestiert, wich dem »proletarischen Klassizismus« oder »roten dorischen Stil«. Die damit verbundenen Architekturprinzipien formulierte er während seiner Arbeit am Dynamo-Wohnblock und dem neuen Gebäude für die Moskauer Stadtduma (1930). Er war inzwischen von Leningrad in die Hauptstadt gezogen, und als in Moskau die ersten Architekturwerkstätten unter Leitung der namhaftesten Baumeister gegründet wurden, betraute man Fomin mit der Werkstatt Nummer 3.
»Falls man mich aufgrund der charakteristischen Merkmale meiner Werke als Formalist einstuft, dann könnte man mich mit demselben Recht auch als Funktionalist bezeichnen. Der Unterschied besteht jedoch darin, daß ich meine Architektur im Gegensatz zu den radikalen Funktionalisten nicht einer Funktion zuliebe verzerre«, schrieb er in einem Artikel. Für seine Schüler und Biographen formulierte er sein künstlerisches Credo einfacher:
»Einheitlichkeit, Stärke, Schlichtheit, Richtmaß, Gegensatz und Neuartigkeit.«
Zu den Werken seiner Moskauer Periode zählt auch die Rekonstruktion des Gebäudes, in dem sich das Volkskommissariat für Kommunikation im Moskauer Stadtteil Krasnje Worota (Rote Flotte) befindet (1936), und der gleichnamigen Metrostation (1935). Das Gebäude des Ministerrats der Ukraine in Kiew wurde ebenfalls nach seinen Entwürfen errichtet und nach seinem Tod von Abrossimow fertigestellt, der bei diesem Projekt mit ihm zusammengearbeitet hatte.

Georgi Golz

Georgi Pawlowitsch Golz (1893–1946), Architekt, Bühnenbildner und Konstruktionszeichner, studierte an der WChUTEMAS (Höhere Künstlerisch-Technische Werkstätten) bei Nikolaj Ladowski, dem führenden Vertreter der Rationalisten.
Zu seinen frühen Werken gehören die Staatsbanken in Iwanow und Minsk (beide 1927, gemeinsam mit Parusnikow und Sobolew entworfen), eine Druckerei in Iwantejewo (1923) und das Generatorhaus des Staatlichen Elektrizitätswerks für die Kiewer Region. Sie waren rein konstruktivistisch gestaltet, angefangen von den Ausmaßen bis hin zu Grundrissen und grafischem Entwurf. 1922 lernte Golz den Architekten Scholtowski kennen. Er half ihm bei vielen Projekten und führte die Bauaufsicht; dabei aber bewahrte er seine schöpferische Eigenständigkeit. Durch diese Verbindung gelang es ihm, sich mit seiner Neuinterpretation des klassischen Erbes einen Namen zu machen. Er war ein großer Bewunderer der italienischen Baukunst des achtzehnten und neunzehnten Jahrhunderts.
Er orientierte sich immer wieder an der Architektur der klassischen Antike, an der hellenistischen Epoche und der italienischen Frührenaissance. Bei einem seiner besten Werke, der Arkade des Isokombinats in Moskau (1937), hielt sich Golz unmittelbar an eine Vorlage des italienischen Baumeisters Filippo Brunelleschi.
Golz war der Schöpfer vieler interessanter Projekte. Zu ihnen gehören das Kamerni-Theater in Moskau (1934), die Rekonstruktion und Restauration von Smolensk, die Entwürfe für den Stadtkern von Stalingrad und die Krestschatik, die Prachtstraße Kiews. Sein ausgefeilter Stil übte großen Einfluß auf die zeitgenössische Architektur aus, aber er selbst war mit dem fertigen Produkt nie zufrieden. Er wirkte nur an der Konstruktion weniger Bauprojekte mit; eines der kleinen, aber interessanten war das Schleusentor am Flüßchen Jausa (1939). Hier waren drei Pavillons mit einer durchbrochen gearbeiteten Brücke verbunden. Die Anordnung ähnelte mit ihren malerischen Proportionen einem Erechtheion, und wegen der Feinheiten in der Ausarbeitung der Details einem pompejanischen Wandgemälde. Dieses Werk zählt zu den größten sowjetischen Architekturleistungen der 30er Jahre.
Golz widmete einen großen Teil seiner Arbeit dem Theater. Seine Fähigkeit als Architekt offenbarte sich in einer Aufführung des Trauerspiels »Elektra« von Sophokles, die im Wachtangow-Theater in Moskau stattfand. Seine Leidenschaft für die Bühne spiegelte sich deutlich in seinem Baustil wider und verlieh diesem einen ganz eigenen Charme.
1946 wurde Golz bei einem Unfall tödlich verletzt. Es ist bis heute nicht bekannt, ob es ein Unglücksfall oder ein Mordanschlag war.

Boris Jofan

Boris Michailowitsch Jofan (1891–1976) erging es wie sovielen namhaften Persönlichkeiten der stalinistischen Ära: sein Lebenslauf ist gekennzeichnet von einem Wechselbad außergewöhnlicher Erfolge und ebenso dramatischer Mißerfolge, die ihn in Ungnade fallen ließen.
Im Gegensatz zur Mehrzahl der Architekten seiner Generation absolvierte Jofan vor der Revolution eine fundierte Ausbildung. 1914 verließ er Rußland und verbrachte zehn Jahre in Italien. Er studierte Architektur an der Kunsthochschule in Rom, wo so berühmte Baumeister wie Giuseppe Liberi und Armando Brazzini zu seinen Lehrern gehörten, und schloß sich der Kommunistischen Partei Italiens an. Im Anschluß an seine Rückkehr nach Rußland entwarf er Siedlungen für Arbeiter, beispielsweise die Wohnhäuser an der Rusakow-Straße in Moskau (1925), die damals als musterhaft galten.
Sein erster großer Erfolg stellte sich mit dem Auftrag für den Bau eines riesigen Wohnkomplexes an der Serafimowitsch-Straße in Moskau ein (1931, in Zusammenarbeit mit anderen Architekten). Die Regierungsmitgliedern vorbehaltenen Luxusapartments in diesem Gebäude leisteten der damals weitverbreiteten Idee Vorschub, autarke Wohnzentren zu schaffen. Der Komplex umfaßte

eine Fülle von Dienstleistungsbetrieben, ein Kino und sogar – mehreren Quellen zufolge – eine Urnenhalle für die verstorbenen Bewohner.
Die größte Tragödie in Jofans Berufsleben bestand wohl darin, daß sein prachtvoller Entwurf für den Palast der Sowjets nie realisiert wurde. Auch die Tatsache, daß er sämtliche aufeinanderfolgenden Runden in diesem Marathon-Wettbewerb gewonnen hatte, änderte daran nichts.
1936 siegte Jofan in einem weiteren Wettbewerb um Entwurf und Errichtung des Sowjetischen Pavillons für die Pariser Weltausstellung von 1937. Er beabsichtigte, die Ausstellungshalle in Form eines ausgebreiteten Banners zu gestalten, die gleichzeitig als Sockel für die Plastik »Arbeiter und Kolchosbäuerin« von Vera Muchina dienen sollte. Er entwarf noch einen weiteren Pavillon für die New Yorker Expo von 1939.
Sein Abstieg aus den Höhen des Ruhms folgte 1948, als man ihm den Auftrag für den Entwurf der Moskauer Lomonossow-Universität entzog. Lew Rudnew und sein Architektenkollektiv wurden mit der Fertigstellung betraut. Das Endergebnis wich kaum vom ursprünglichen Plan ab, aber heute erinnert man sich kaum mehr daran, daß auch Jofan zu den Architekten gehörte.

Arkadi Langman

Arkadi Borissowitsch Langman (1886–1968) gehörte zwar nie zu den Baumeistern von Spitzenformat, war aber einer der gefragtesten Architekten der 30er Jahre.
Langman, in Charkow geboren, hatte am Polytechnischen Institut in Wien studiert. Danach verbrachte er zwei Jahre in verschiedenen Konstruktionsbüros von St. Petersburg, bevor er in die Ukraine zurückkehrte. 1923 übersiedelte er nach Moskau, wo er am Bau des Kaschirskaja-Kraftwerks mitwirkte. Hier begann er für die Firma »Standarztroj« zu arbeiten, die Fertighäuser herstellte. Die meisten Standarztroj-Gebäude und andere neue Wohnsiedlungen in Moskau stammen von Langman.
Von 1927 an war Langman in der Abteilung für Ingenieur- und Bauwesen des OGPU/NKWD tätig, (Volkskommissariat für Innere Angelegenheiten, 1946 dem Ministerium des Innern angegliedert). Gemeinsam mit L. Tscherikower baute er das Dynamo-Stadion am Leningrader Prospekt (1928). Es war in den 30er Jahren Mittelpunkt sportlicher Ereignisse in Moskau und ein wichtiges Architekturmodell für den Sportpalast in Ismailowo, einer sowjetischen Variante des Kolosseums. Er entwickelte, gemeinsam mit Fomin, den Entwurf für die Dynamo-Fabrik und zeichnete für die Werkssiedlung verantwortlich. Danach arbeitete er an den Kosntruktionszeichnungen für das neue NKWD-Gebäude am Furkasowski Pereulok. Gleichzeitig fertigte er Entwürfe für mehrere Wohnblocks für das NKWD an, was ihm eine Ehrenmitgliedschaft in der Tscheka (Staatssicherheitsorgan, für den »Kampf gegen Konterrevolution und Sabotage« zuständig) eintrug. Er übernahm auch private Aufträge von verdienten Parteiangehörigen und entwarf für sie Datschen außerhalb Moskaus und an der Schwarzmeerküste. Zwischen 1932 und 1934 war er mit der Planung und Ausführung des STO-Gebäudes befaßt (Rat für Arbeit und Verteidigung), ein Meilenstein auf dem Weg vom Konstruktivismus zum stalinistischen Stil. Er nahm an keinem der größeren Architekturwettbewerbe teil, weil seine Auftragsbücher – im Gegensatz zu denen vieler seiner herausragenden Kollegen und Zeitgenossen – voll waren.

Arkadi Mordwinow

Arkadi Grigorjewitsch Mordwinow (1896–1964) könnte als Paradebeispiel eines Apparatschiks der Stalin-Ära dienen, dessen Register öffentlicher Ämter ebensoviel über seinen Lebenslauf aussagt wie die Liste seiner Projekte.
Mordwinow war zunächst Bauarbeiter und studierte dann Architektur an der Technischen Hochschule in Moskau. Noch während seiner Studienzeit erhielt er einen wichtigen Auftrag für den Entwurf des neuen Hauptpostamtes in Charkow, das er im konstruktivistischen Stil gestaltete (1930).
Er wurde aktives Mitglied der WOPRA und setzte sich, gemeinsam mit Alabjan und Simbirzew, entschieden für die Entwicklung der »proletarischen« Baukunst ein. Damit verschaffte er sich Anerkennung auf höchster Ebene und eine Reihe von Schlüsselstellungen in der Architekturhierarchie. 1937 berief man ihn in das Präsidium des SSA-Vorstands (Verband Sowjetischer Architekten; nach 1932 »SA SSR« – Verband der Architekten der UdSSR). 1938 wurde er Präsident der Architekturakademie, Mitglied des Mossowjet (Moskauer Stadtrat) und des Obersten Sowjets.
Seine schöpferische Arbeit erstreckte sich vornehmlich auf den Bereich des Wohnungsbaus. Mordwinow leitete die Rekonstruktion der Gorki-Straße, wo er zwei Wohnblöcke mit den phantasielosen Namen Block A und B (1937, 1939) und Fassaden schuf, die unvergleichliche Beispiele für den stalinistischen Stil darstellen. Zwei Wohnkomplexe wurden buchstäblich von innen nach außen gebaut, vom Hof zu den prächtigen Straßenfronten der Häuser mit hohen, bogenverzierten Eingängen, Balustraden, Balkonen und schmuckvollen Skulpturen. Nach ähnlichem Muster wurden die Gebäude an der Bolschaja-Kaluschskaja-Straße mit Fassaden errichtet (1940), die er gemeinsam mit Golz und Tschetschulin schuf.
1943 leitete Mordwinow das neugegründete Komitee für Bauangelegenheiten und war somit faktisch der erste Architekturminister in Rußland. Nachdem er diese Stellung an Simonew abgetreten hatte, berief man ihn 1950 in ein ähnlich hohes Amt: Er wurde Präsident der Architekturakademie der UdSSR und, als Vertreter der Sowjetunion, Vizepräsident des Internationalen Architektenverbandes.
Der Allunionskongreß Sowjetischer Architekten, von Chruschtschow Ende 1954 einberufen, setzte seiner Karriere in der Verwaltung ein Ende. Chruschtschow, der einen gnadenlosen Kampf gegen die Prachtentfaltung in der Baukunst führte, entfernte Mordwinow aus sämtlichen Schlüsselstellungen und beließ ihm nur die Leitung der Stadtplanungsorganisation »Mosproekt«.

Iwan Rerberg

Iwan Iwanowitsch Rerberg (1869–1932) hatte sich noch vor der Oktoberrevolution einen Namen als Architekt gemacht. Laut Familienchronik war Rerberg der Nachfahre eines holländischen Schiffszimmermanns, den Peter der Große ins Land gebracht hatte, um die russische Flotte aufzubauen. Sein Vater und sein Großvater waren beide Ingenieure.
Er absolvierte zunächst eine Ausbildung als Militärtechniker; dann sattelte er um und arbeitete als Bauleiter, so etwa bei der Errichtung der Land- und Tranportmaschinenfabrik in Charkow.
Bekannter wurde er, als er zwischen 1897 und 1912 beim Bau des Museums für Bildende Künste in Moskau mitwirkte (heute in Puschkin-Museum für

Bildende Künste umbenannt). Er war einer der beiden Stellvertreter von Roman Klein, einem der herausragenden Architekten der damaligen Zeit.
Unter Kleins Leitung arbeitete Rerberg an der Konstruktion mehrerer Bauwerke in Moskau mit. Dazu gehörten eine Fakultät der Moskauer Universität (heute Moskauer Institut für Geologische Forschung), ein Krankenhaus in der Malaja-Pirogowskaja-Straße, und das Kaufhaus »Muir und Merrilies« (heute das Zentrale Warenhaus, ZUM), das zwischen 1907 und 1908 im neogotischen Stil entstand. In diesen Jahren begann er auch, freiberuflich als Architekt zu arbeiten. Eines seiner Werke war ein Wohnblock für eine Versicherungsgesellschaft an der Ilinskaja-Straße (heute Kuibischew-Straße), der in Zusammenarbeit mit Peretjatkowitsch und Oltarschewskij entworfen und 1911 fertiggestellt wurde.
Zu Rerbergs besten Arbeiten zählt die Moskauer Metrostation Brijanski (1934 in Kiewskaja umbenannt), entworfen in Zusammenarbeit mit Oltarschewski und 1917 vollendet, obwohl die Ausgestaltung erst 1920 abgeschlossen war. Die Außenfassade dieses neoklassizistischen Gebäudes erstreckte sich über nahezu 900 Meter. Sie umschloß mehrere weitläufige Hallen mit elegantem Dekor und riesige, glasverkleidete Plattformen, die nach einem Entwurf von Schuchow entstanden.
Nach der Oktoberrevolution stand Rerberg unter der Schirmherrschaft des neuen Regimes und erhielt zahlreiche begehrte Aufträge. Von ihm stammen unter anderem der Weizenpavillon für die Unionsausstellung Landwirtschaft und Handwerk von 1923, eine Nachbildung von Lenins Wohnung im Kreml für das Lenin-Institut des Zentralkomitees und die Rekonstruktion mehrerer der größten Moskauer Festspielhäuser, einschließlich des Bolschoi-Theaters. Trotz seiner Ausbildung als Ingenieur hatte Rerberg nie viel für den konstruktivistischen Stil übrig. 1925 gewann er den offenen Wettbewerb für das Zentrale Telegraphenamt in Moskau mit einem Entwurf, der bewußt an nationale Traditionen anknüpfte. Sein letztes Bauwerk, eine Militärschule des Gesamtrussischen Exekutivkomitees (1934 fertiggestellt und später zum Präsidium des Obersten Sowjets der UdSSR umgebaut), wurde auf dem Gelände des alten Tschudow-Klosters errichtet, das man zum Abbruch freigegeben hatte.

Lew Rudnew

Lew Wladimirowitsch Rudnew (1885–1956), ein Architekt der Leningrader Schule, fühlte sich ursprünglich nicht zur Strenge und Präzision des Leningrader Neoklassizismus hingezogen. Im Gegenteil, er hatte eher als Künstler denn als Architekt Aufmerksamkeit erregt. Er war ein guter Maler, Zeichner und Bildhauer und galt in der sowjetischen Architekturgeschichte als begabter, wenn auch ziemlich exzentrischer Meister. Seine Perspektiven waren verzerrt, seine Vorträge und Äußerungen in der Öffentlichkeit wirr und seine Artikel einfach formuliert. Dennoch erzielte er zu seinen Lebzeiten mit seinen Werken in den verschiedensten Stilrichtungen große Erfolge.
In den 20er Jahren schuf er das Denkmal der Revolutionshelden auf dem Marsfeld in Petrograd, das bis zum heutigen Tag zu den beeindruckendsten aus der sowjetischen Periode zählt. Infolgedessen erhielt er zahlreiche Aufträge von den Führern der Roten Armee. 1937 vollendete er den Bau der Frunse-Militärakademie in Moskau und leitete 1933 die Konstruktionsarbeiten am Volkskommissariat für Verteidigung auf dem Arbatplatz.
Während der Errichtung der Staatlichen Moskauer Universität wurde der Auftrag, der ursprünglich Jofan erteilt worden war, Rudnew übergeben, der einige wenige Aspekte des Entwurfs änderte. Beim Bau des Hauses der Wissenschaft und Kultur in Warschau bewies er indessen seine Meisterschaft im Schaffen eigener Kompositionen. Unter den von ihm entworfenen Wohngebäuden ist der Komplex an der Sadowo-Kudrinskaja-Straße in Moskau der interessanteste. Hier folgte er einer alten Tradition der Architekten und bezog selbst eine Wohnung.

Wladimir Schtschuko und Wladimir Gelfreich

Wladimir Alexandrowitsch Schtschuko (1878–1939) ist nicht nur als Architekt bekannt, sondern auch als Zeichner und Bühnenbildner, der an 43 Aufführungen in einer Reihe verschiedener Theater mitarbeitete.
Schtschuko hatte sich einen Namen mit seinen Projekten für die internationalen Ausstellungen in Rom und 1910 in Turin gemacht. Er baute einen Pavillon im Garten der Villa Borghese, der den klassischen Werken der russischen Architekten im späten achtzehnten und frühen neunzehnten Jahrhundert ähnelte. Nach der Revolution arbeitete er mit seinen Studenten und seinem langjährigen Kollegen Wladimir Georgewitsch Gelfreich (1885–1967) zusammen. Die Gruppe schuf als erstes den internationalen Pavillon für die Allunions-Landwirtschaftsausstellung, die 1923 stattfand. In den Jahren, als der Konstruktivismus den Höhepunkt der Beliebtheit erreicht hatte, vollendete das Kollektiv das Propyläum (1923) an der Straße, die zum Smolny-Institut führt, der Zentrale der Leningrader Parteiorganisation.
Ihre Arbeit erregte Aufmerksamkeit und Bewunderung, und 1923 erhielt das Team Aufträge für zwei Lenin-Denkmäler, eines am Smolny-Institut, das andere auf dem Platz vor dem Finnischen Bahnhof. Das war zur damaligen Zeit eine große Ehre und ein Zeichen dafür, daß die Partei unbegrenztes Vertrauen in sie setzte. Die engen Kontakte zu den Schaltstellen der Macht in Leningrad spielten auch dann eine maßgebliche Rolle, als Schtschuko und Gelfreich später in die Gruppe aufgenommen wurden, denen man, gemeinsam mit einem Kollektiv Leningrader Partner, den Entwurf des Palasts der Sowjets überantwortete. Obwohl Schtschuko und Gelfreich eigentlich Anhänger des Klassizismus waren, folgten sie dem konstruktivistischen Formenkanon bei der Gestaltung des Gorki-Theaters in Rostow am Don. Beim Entwurf der Lenin-Bibliothek ließen sie sich jedoch nicht vom Konstruktivismus inspirieren, sondern vom Art deco. Sie schufen ein interessantes Bauwerk, das an die italienische Architektur zur Zeit des Faschismus erinnert.
Für die Allunions-Landwirtschaftsausstellung von 1937 entwarfen Schtschuko und Gelfreich den Hauptpavillon mit einem Turm, den eine Skulptur von Budilin, »Traktorfahrer und Kolchosbäuerin«, krönte.
Nach Schtschukos Tod im Jahre 1939 übernahm Gelfreich die Leitung des Architektenkollektivs. Sie entwarfen die unterirdischen Hallen der Metrostationen Elektrostanzia, Novokusnezowskaja und Mira-Prospekt.
Gelfreichs Hochhaus, in dem das Ministerium für Auswärtige Angelegenheiten untergebracht ist, gehört zu den bedeutendsten Schöpfungen der stalinistischen Epoche. Ein weiterer Vertrauensbeweis der Regierung war der Auftrag für den Entwurf eines Krankenhauskomplexes, der 1952 im Viertel nahe dem Rublew-Autoring in Moskau entstand. Schließlich wurde er zum

Mitglied der Akademie ernannt und erhielt die höchste Auszeichnung in der Sowjetunion – den Orden des Helden der Sozialischen Arbeit.
Zu Gelfreichs Leistungen gehören seine Bemühungen um die Wiedererrichtung desTriumphbogens von Bowe, der 1936 abgebaut worden war, am Kutusowski-Prospekt.

Alexej Schtschussew (auch: Stschussew)

Alexej Schtschussew (1873–1949) galt in seiner Zeit als kluger Anhänger des Eklektizismus, der sich verhältnismäßig wenig Gedanken um den Stil machte, in dem er gerade arbeitete. Dennoch hegte er eine tiefe Liebe zur altrussischen Architektur.
Das erste Projekt, das er ausführte, war die Ikonostase in der Mariä-Himmelfahrts-Kathedrale des Höhlenklosters in Kiew, eine der ältesten Klosteranlagen der orthodoxen Kirche. Die Kirche beauftragte ihn mit dem Bau und der Restaurierung einer Reihe von Kathedralen, einschließlich der Kirchen im Martha-und-Maria-Konvent in Charkow und der Gedächtniskirche auf dem Kulikowo-Schlachtfeld. Für seine Leistungen bei der Restaurierung der Kathedrale von Owrutsch aus dem 12. Jahrhundert wurde er zum Akademiemitglied ernannt. Er war ein begabter Stylist, fähig, Elemente der altrussischen Kunst mit denen des Jugendstils zu vermischen. Ein bemerkenswertes Beispiel bietet sein Entwurf für den Kasaner Bahnhof in Moskau, eine Kombination von Baustrukturen in vielfältiger Form und Größe. Er ist im Stil der frühen russischen Khoromy-Architektur gehalten, die unterschiedliche Gebäude zu einem organischen Ganzen zusammenzufügen verstand. Merkwürdigerweise fügte Schtschussew dem Kasaner Komplex in den 20er Jahren ein Gebäude hinzu, das einen Klub für die Eisenbahnangestellten behergen sollte. Oberflächlich betrachtet, scheint es sich hier um einen konstruktivistischen Bau zu handeln, der jedoch in Detail und Proportionen auf subtile Weise an die »altrussischen« Bahnhöfe anknüpft.
Schtschussew vollendete auch mehrere rein konstruktivistische Projekte. Zu ihnen gehören das Narkomzem-Gebäude (Volkskommissariat für Architektur, 1933) und das Institut für Maschinenbau der Lomonossow-Universität (1934), beide in Moskau. Schtschussew fügte bei der Vollendung seines wichtigsten staatlichen Auftrags, des Lenin-Mausoleums am Roten Platz, alte und neue Architekturmerkmale zusammen. Der erste, noch vorläufige Entwurf für das Monument entstand buchstäblich über Nacht, am 22. Januar 1924, unmittelbar nach Lenins Tod; das Standbild wurde innerhalb von 48 Stunden von Soldaten der Roten Armee errichtet. Als man den Bau eines bleibenden Mausoleums beschloß, entwarf Schtschussew ebenfalls eines aus Holz, mit Zuschauertribünen zu beiden Seiten, die einen Ausblick auf den Roten Platz boten. Die dritte und endgültige Version wurde 1930 erbaut und harmonisch in die Silhouette des Roten Platzes eingefügt. Hier vermischen sich traditionelle Elemente mit augenfällig konstruktivistischen. Neu hinzu kam eine Aussichtsplattform, die sich rings um das Gebäude zieht.
Während des Krieges zählte Schtschussew zu den ersten, die sich dem Wiederaufbau der in Schutt und Asche liegenden Städte widmeten. Sein Rekonstruktionsplan für die Stadt Istra, wie auch der spätere für Nowgorod, zeichneten sich durch großes Fingerspitzengefühl im Umgang mit den noch vorhandenen Architekturdenkmälern aus.
Zwischen 1949 und 1947 baute Schtschussew das Opernhaus in Taschkent mit einer Ornamentierung in zentralasiatischem Stil. In dieser Zeit entwarf er das Gebäude am Dscherschinski-Platz, das die Zentrale des NKWD beherbergen sollte.

Iwan Scholtowski

Iwan Wladimirowitsch Scholtowski (1867–1959) war einer der einflußreichsten und interessantesten Meister des stalinistischen Stils und ein hartnäckiger Verfechter der klassizistischen Architektur.
Nach dem Examen an der St. Petersburger Kunstakademie im Jahr 1898 wurde er bald wegen seiner Vorliebe für die Prinzipien des Traditionalismus bekannt. Sie zeigen sich in Gebäuden wie der Zentrale der Reitsportgesellschaft (1902), dem Tarasow-Haus an der Spiridinowka-Straße in Moskau (1910–12) und dem Haus auf dem Landsitz Lipka nahe Moskau (1906). Scholtowski unternahm sage und schreibe 26 Reisen nach Italien – angesichts der Schwierigkeiten, die damals mit einer Auslandsreise verbunden waren, eine beachtliche Zahl – und war mit der Architektur der italienischen Renaissance bestens vertraut. Er übersetzte und kommentierte Andrea Palladios »Vier Bücher über die Architektur«.
Zu seinen berühmtesten Arbeiten gehören der Entwurf für den Palast der Sowjets in Moskau (1932), das MOGES-Gebäude (1930), das Regierungsgebäude in Machachkala Dagestan (1928), das Gebäude des Zentralen Exekutivkomitees in Sotschi (1936) und die Rekonstruktion des Moskauer Hippodroms (1949). 1923 entwarf Scholtowski den Gesamtplan und die Hauptpavillons für die Gesamtrussische Landwirtschafts- und Handwerksausstellung. Den Wohnblock an der Mochowaja-Straße (1934) kann man als traditionalistisches Manifest betrachten, auch wenn sein Stil von den neuen Machthabern nie zum offiziellen erhoben wurde und eine elegante Abweichung von der Norm blieb.
Dennoch besaß die Schule, die Scholtowski vertrat, enormen Einfluß. Er hatte zahlreiche hochbegabte Schüler, von denen er den Spitznamen »Papst« erhielt, womit angedeutet werden sollte, daß seine Glaubenslehren ebenso unfehlbar seien wie die des Vatikans. Selbst heute noch erinnern sich seine Schüler an die nächtlichen Vorlesungen – die oft erst nach Mitternacht begannen – und seine Aphorismen, die sogar Eingang in die Artikel der Parteiblätter fanden: »Monumentalismus ist nicht Schwere, sondern Leichtigkeit, gepaart mit Stärke«, oder »Es mag Stilrichtungen ohne Zahl geben, aber es gibt nur eine Logik der Architektur«.
Scholtowski hat die offene Unterstützung der Partei nie akzeptiert. Darüber hinaus wurde er wegen seines Mangels an Modernität ständig kritisiert; gegen Ende der 40er Jahre griff ihn die Presse sogar mit ätzender Schärfe an. Dennoch erhielt er von den hochrangigsten Organisationen und Funktionären prestigeträchtige Aufträge für den Entwurf von Wohnblocks, unter anderem von der Bauabteilung des NKWD, dem Ministerium für Auswärtige Angelegenheiten und Igor Kurtschatow, Akademiemitglied und Leiter des sowjetischen Kernforschungsprogramms.
Gegen Ende seines Lebens nahm Scholtowski an den ersten Experimenten mit Projekten teil, die Rahmen- und Paneelkonstruktionen verwendeten. Damit bewies er, daß er seiner Zeit weit voraus war.

ERKLÄRUNG WICHTIGER FACHBEGRIFFE

Akanthus: Schmuckelement, das sich vor allem an korinthischen Kapitellen befindet und aus einem stilisierten, scharf gezackten distelähnlichen Blatt besteht.
Architrav: Steinerner Hauptbalken über Säulen.
Arkade: Bogen, der von Säulen oder Pfeilern getragen wird; mehrere Arkaden bilden einen Säulengang.
Art deco: Kunst- oder Kunstgewerbestil, der von etwa 1920–1940 vor allem in Frankreich beliebt war.
Attika: Meist üppig verzierte Wand, die über das Gesims von Säulenreihen gemauert wird und das Dach verdecken soll.
Basrelief: Flachrelief oder Skulptur, bei der die Rundungen nur wenig hervortreten.
Bossenquader: An der Sichtfläche abgerundeter Quaderstein.
Eklektizismus: Vermischung von vorhandenen Stilen; Verwendung bereits vorhandener Kunstleistungen.
Empire-Stil: Stilepoche des frühen 19. Jahrhunderts, die das Repräsensative, Wuchtige hervorhebt und sich an griechisch-römischen und ägyptischen Vorbildern orientiert.
Entasis: Außenwölbung eines Säulenschafts.
Erechtheion: Tempel ionischer Ordnung auf der Akropolis von Athen.
Galerie: Langgestreckter Raum.
Ikonostase: Bilderwand zwischen Allerheiligstem und Gemeinderaum.
Jugendstil (Art Nouveau): Internationale Stilrichtung, bei der die Flächenhaftigkeit und die Linie als dynamisches Ausdrucksmittel betont werden.
Karyatiden: weibliche Statuen, die das Gebälk eines Bauwerks tragen; aus der griechischen Antike hergeleitet.
Klassizismus: Stilrichtung, die sich an klassisch-antiken Vorbildern orientiert.
Kolonnaden: Folge von Säulen oder Säulenpaaren, die mit einem geraden Gebälk verbunden sind.
Konstruktivismus: Strömung, deren Verfechter mathematisch-technischen Gestaltungsprinzipien anhängen.
Maßwerk: Geometrische Zierformen, die vornehmlich für Fenster verwendet werden.
Medaillons: Runde oder ovale Rahmung aus Stuck oder Stein.
Neoklassizismus: Historisierende Strömungen in der Architektur des 20. Jahrhunderts; Hauptmerkmal sind die kolossalen Säulenordnungen.
Obelisk: Freistehender Pfeiler mit quadratischer Grundfläche und pyramidenförmiger Spitze.
Palladiomotive: Nach dem italien. Baumeister Andrea Palladio (1508–1580) benanntes Architekturmotiv: eine dreiachsige Wandöffnung, wobei die mittlere Achse breiter und von Rundbögen überhöht ist.
Pilaster: Halbpfeiler, der aus einer Wand hervortritt.
Portikus: Vorhalle, die von Pfeilern gestützt wird.
Propyläen: Eingangshalle von Monumentalbauten, nach dem Vorbild der Propyläen in Athen gestaltet.
Pylon: Eingangstor griechischer Tempel.
Quadriga: Vierspänniger Wagen.
Rustika: Mauer aus Quadern, deren Sichtfläche absichtlich unbearbeitet geblieben ist.
Verblendung: Verkleidung von Bauteilen, die unsichtbar bleiben sollen.
Zikkurat: Tempelturm aus dem Orient, der auf mehreren Terassen erbaut und mit Freitreppen versehen ist.

ANMERKUNGEN

Einführung

1. Yu. Markin: Skulptura pri svete sovesti (Skulptur im Licht des Gewissens), in: »Dekorativnoye Iskusstvo SSSR« 3/1990, S.34.

Auf der Suche nach einem »sowjetischen« Stil

1. Mastera Sovietskoi Arkhitekturi ob Arkhitekturye (Meister der Sowjetischen Architektur über die Architektur), Bd. I., Moskau 1975, S. 101
2. A. V. Lunarcharsky o massovikh prazdestvakh, estradye, tsirkye (Lunatscharski über Massenveranstaltungen, Musikhallen und Zirkus), Moskau 1981, S.308
3. »Sovremennaya Arkhitektura« (SA) 1/1926, S.16.
4. Kak ne nado stroif (Wie man nicht bauen darf), »Sovremennaya Arkhitektura« 2/1928, S.42
5. Ebenda, S.43
6. Protest, »Sovremmennaya Arkhitektura« 2/1929, o.p.
7. »Sovietskoye Iskusstvo« 2/1927
8. Ebenda, S.61
9. Deklaratsia Voe-Rossiiskogo obshchestva proletarskik arkhitektorov (Deklaration des Allrussischen Verbandes Proletarischer Architekten), in: Pechat i Revolutsia, 1929
10. Dieser Grund ist der bekannteste und am häufigsten angeführte für den Stilwandel. Siehe u.a. R. Pöschl: Kathedralen feiern Stalins Sieg, »Frankfurter Allgemeine Zeitung«, 24. November 1989
11. L.M. Kaganowitsch: Rech na yubileinom plenume TsK VLKSM, 20 Oktyabrya 1933 (Rede vor dem Plenum im Oktober 1933), »Arkhitektura SSSR« 1/1934, S.3
12. Diese »Widersprüche im Klima« wurden zuerst von W. Paperniti beobachtet; in: Kultura-2, Ardis (Michigan) 1985, S.142
13. Dvorets Sovietov (Palast der Sowjets), Leitartikel, »Arkhitektura SSSR« 1/1933, S.7
14. Zitiert in I. Eigel: Boris Jofan, Moskau 1978, S.81
15. Zu den Mitgliedern des Technischen Rats gehörten: W. Michailow, (Vorsitzender und Leiter des Bauwesens), I. Brodski, W. Wesnin, A. Wolter, W. Gelfreich, A. Gorki, I. Grabar, I. Scholtowski, B. Jofan, G. Krasnin, G. Krischanowski, M. Krijukow, F. Lecht, A. Loleijt, A. Lunartscharski, G. Ludwig, M. Maniser, A. Mattwejew, I. Maschkow, W. Meyerhold, S. Merkurow, A. Mordwinow, K. Petrow-Wodkin, P. Rottert, W. Semenow, K. Stanislawski, A. Stetski, P. Streletzki, F. Feodorowski, T. Chwesin, I. Tscherkasski, I. Schadr-Iwanow, N. Schwernik, W. Schtschuko, A. Schtschussew und K. Alabjan (Sekretär). Im Rat saßen größtenteils bekannte Politiker, aber ihm gehörten auch einige Schriftsteller, Maler, Bildhauer und Architekten an. Es entbehrt nicht einer gewissen Ironie, daß die hier vertretenen Architekten an den Wettbewerben teilnahmen und drei von ihnen – Jofan, Schtschuko und Gelfreich – in der letzten Runde siegten. Siehe I. Eigel: a.a.O., S.31
16. Wie andere Gruppen, so wurde auch die WOPRA im April 1932 aufgelöst, während sich der Wettbewerb in vollem Gang befand
17. Die Teilnehmer waren J. Popow, A. Baranski, D. Jofan (der ältere Bruder von Boris Jofan), D. Ziperowitsch, S. Gelfreich, N. Sapetlin und W. Polizki
18. Zitiert in M. I. Astafijewa: Sovietskaya Arkhitektura 1917–1940
19. Dvorets Sovietov, Moskau 1933, S.59
20. Jofan war dagegen, diese Varianten zu zeigen. »Schtschukos Bedeutung und weitläufige Verbindungen, vor allem die enge Freundschaft mit Maxim Gorki, überwanden alle Hindernisse. Sämtliche Versionen wurden vorgelegt und analysiert, und eine von ihnen (Abrossimows) im Oktober 1938 genehmigt. Die Geschichte dieser Kontroverse verdient es, veröffentlicht zu werden.« »Arkhitektura SSSR« 6/1986, S.95 f.
21. »Arkhitektura SSSR« 10/1934, S.4 ff.
22. El Lissitzkij: Forum Sotsialisticheskvoi Moskvi, in: »Arkhitektura SSSR« 10/1934, S.5
23. Dvorets Sovietov, S.5.

Der Stil ist gefunden

1. »Arkhitektura SSSR« 1/1933, S.1
2. Ebenda, 9/1934, S.2
3. Konstitutsia sotsialism (Leitartikel), »Arkhitektura SSSR« 8/1936, S.3
4. »Arkhitektura SSSR« 6/1935, S.1
5. »Akademia Arkhitekturi«, Doppelheft 1 und 2/1934, S.7-41
6. A. Alexandrow: Tvorcheskiye problemi sovietskoi arkhitekturi Kreative Probleme der Sowjetischen Architektur), »Arkhitekturnaya Gazeta«, 8. April 1935
7. Zitiert in N.A. Pekarewa und I.Fomin: Zodchiye Moskvi (Moskauer Architekten), Moskau 1988, S.76.
8. I. Fomin: Printsipi tvorcheskoi raboti arkhitekturnoi masterskoi No.3 (Arbeitsprinzipien der Architekturwerkstatt Nr.3), in: Mastera Arkhitekturi ob Arkhiteture, Kiew 1953, S.30-31
9. Zitiert in A. G. Barchina: Mikhail Grigorievich Barkhin, »Arkhitektura SSSR« 3/1989, S.83
10. L. Rudnew: Arkhitektor i skulptor, »Arkhitektura SSSR« 1/1941, S.15
11. Ja. A. Kornfeld: Arkhitektura i Stroitelstvo voyennoi Akademii RKKA im. Frunze, Moskau 1940, S.4
12. Ebenda, S.3
13. G. P. Golz: Ob arkhitekture goroda, in: N. Tretyakow: Georgii Golts, Moskau 1969, S.171
14. Zitiert in O. Smetkina und A. Tarchanow: Arkad Langman »Arkhitektura SSSR« 2/1986, S.85
15. K. S. Alabjan und W. N. Simbirzew: Arkhitekturni obra Krassnoi Armii (Das Architekturbild der Roten Armee), »Arkhitektura SSSR« 4/1934, S. 3, 8
16. B. Barchin: O tvorchestve A. Dushkina (Über das Werk von A. Duschkin), »Arkhitektura SSSR« 5/1985, S.97
17. Ebenda, S.98

Dorf oder Stadt?

1. Zitiert in N. B. Sokolow und A. B. Tschussew: 1952, S.33 ff.
2. E. Lissitzki: Katastrofya Arkhitekturi, in: Mastera sovietskoi arkhitekturi ob arkhitekture, Moskau 1985, Bd. 2, S.135
3. Generalni plan rekonstruktsii Moskvi. Postanovleniya i materiali (Der Generalplan für Moskau, Resolution und Dokumente), Moskau 1935, S. 43
4. Ebenda, S.48
5. Zitiert in W. N. Belukow und O. W. Smirnow: W. N. Semenow, Moskau 1980, S.94
6. Der Generalplan, S.45
7. Ebenda, S.61.

8. Der Generalplan wurde von einer Unmange Menschen erstellt, von denen viele in der Sowjetunion genausowenig bekannt sind wie im Westen. Folgende unvollständige Liste stammt aus einer zeitgenössischen Quelle: »Kaganowitsch (Vorsitzender), Chruschtschow, Bulganin, Filatow, Kogan, Melbard, Pertschik; Dedijuchin, Buluschew, Sidorow, Konstantinopolski; die Architekten Krijukow, Jofan, Alabjan, Leonid Wesnin; Professor Semenow, die Akademiemitglieder Scholtowski und Schtschussew, Professor Tschernischew; unter Beteiligung von Akademiemitglied Schtschuko, der Professoren Gelfreich, Uschakow, Konowalow, Kolman, Woroschenski; die Architekten Meschkow, Poljakow, Dolganow, Rubinstein, Kantor; Barchin, Ladowski; Architekten Kondraschew, Maier, Nikolajew, Boldirew, Baburow; Ingenieure Kurenkow, Kobras, Rijabuschew; Volkswirtschaftler Wolkow; Architekt Saslawski«
9. Das Zen tralkomitee der KPdSU an Stalin, in: Der Generalplan, S.34
10. K. Linch: Sovershennaya Forma b gradostroitelstve (Vollendet F orm in der Stadtplanung), Moskau 1986, S.79
11. Zitiert in W. E. Chasanowa: Sovietskaya arkhitektura pervoi pyatiletki. Problemi goroda budushchevo (Sowjetische Architektur des ersten Fünfjahresplanes. Probleme der Stadt der Zukunft), Moskau 1980, S.103
12. Ebenda, S.52
13. K. Alabjan: Tvorcheskiye zadachi sovetskikh arkhitektorov (Schöpferische Herausforderungen für sowjetische Architekten), 1935. Zitiert in G. Jakowlewa, a.a.O. S.14
14. A. Balatow: Na grani kultur, »Arkhitektura i stroitelstvo Moskvi« 5/1989, S.13

Neue Städte nach dem Krieg

1. B. Pasternak: Vozdushniye Puti. Prosa raznikh let (Ausgewählte Prosa), Moskau 1982, S.363
2. M. Astafijewa-Dlugatsch, Ju. Woltschok: Dokumenti rasskazivaiut. Khronika arkhitekturnoi zhisni voennikh let (Dokumente sprechen. Chronik der Kriegsjahre), »Arkhitektura SSSR« 2/1945, S.31
3. Iz istorii sovetskoi arkhitekturi 1941-1945. Dokumenti i materiali. Khronika voennikh let (Geschichte der sowjetischen Architektur 1941–1945. Dokumente und Unterlagen. Chronik der Kriegsjahre), Arkhitekturnaya Pechat, Moskau 1978, S.102
4. Ebenda, S.86
5. Ebenda, S.108-109
6. A. G. Mordwinow: Khudozhestvenniye problemi sovetskoi arkhitekturi (Künstlerische Probleme in der sowjetischen Architektur), Moskau 1944
7. G. Golz: Vosstanovleniye i rekonstruktsia Smolenska (Wiederaufbau und Rekonstruktion von Smolensk), Moskau 1944, S.170
8. A. W. Bunin: K voprocu on ispolzovanii gradostroitelnogo nasledia v poslveoennom vosstanovitelnom stroitelstve (Über die Verwendung des urbanen Erbes in der Rekonstruktion der Nachkriegszeit), in: Arkhitektura, Sbornik statei po tvorcheskim voprosam, Moskau 1945
9. A. K. Burow: Pisma, Dhevniki, Becedi s Aspirantami, Suzhdeniye Sovremmenikov (Briefe, Tagebücher, Gespräche mit Philosophie-tudenten, Meinungen von Zeitgenossen), Moskau 1980, S.157
10. Ebenda, S.151
11. Eskiz proekta Novoi Yalti (Plan für das neue Jalta), Sovietskoye Iskusstvo, 28. November 1944
12. D. Arkin: Zodchiye Krasnoi Armii (Roter-Armee-Architekt) »Sovietskoye Iskusstvo«, 25.Februar 1947
13. Preodolet Seryozhiye Nedostatki v Arkhiteture (Schwere Fehlschläge in der Architektur überwinden), »Sovietskoye Iskusstvo«, 26. März 1948
14. A. K. Burow: Pisma ..., S.152
15. A. K. Burow: Ob arkhitekture, Moskau 1960, S.142-3
16. O Polozhenii v Arkhitekturnoi Nauke (Der Stand der Architekturwissenschaft), »Sovietskoye Iskusstvo«, 18. September1948
17. L. W. Rudnew: Zametki Arkhitektora (Notizen eines Architekten), in: Mastera sovetskoi arkhitekturi ob arkhitekture, Bd. 1, S.513 ff.
18. Proekt Vosstanovleniya Voronezha. Soobshchenniye akademika Arkhitekturi L. V. Rudneva (Plan für die Rekonstruktion von Woronesch, Bericht von Rudnew), in: Voprosi vosstanovitelnogo stroitelstva: Materiali VI sessii Akademii Arkhitekturi SSR (Fragen zur Rekonstruktion. Unterlagen über die 6. Sitzung der Architekturakademie), Moskau 1945, S.33
19. Arkhitekturnaya Praktika i Kritika na tvorcheskom otchetiye Voronezhskikh. Arkhitektorov (Architekturpraxis und -kritik in Berichten von Woronescher Architekten), »Arkhitektura i stroitelstvo« 4/1948, S.13
20. N. Troizkij: Oblik budushchego Voronezha (Das künftige Bild von Woronesch), Woronesch 1953, S.36
21. Zitiert in: 40 let velikoi Pobedi (40 Jahre des Großen Sieges), »Arkhitektura«, Moskau 1985, S.37
22. Ju. Botscharew, Ju. Kosenkowa: Goroda geroi (Heldenstädte), S.97
23. A. K. Burow: Pisma ..., S.107
24. Iz istorii Sovietskoi arkhitekturi, S.23
25. G. Golz: O vosstanovlenii Gorodov (Über die Rekonstruktion der Städte) in: Mastera sovietskoi arkhitekturi ob arkhitek- ture, Bd. II, S.339

Siegeszug

1. »Sovietskoye Iskusstvo«, 28. Februar 1947
2. B. Rubanjenko: Ideino-khudozhestvenniye osnovi arkhitekturi vysolnikh zdanii stolitsi (Ideologische und künstlerische Grundlagen der Hochhausarchitektur in der Hauptstadt), »Sovjetskaya Arkhitekture« 4/1953, S.16
3. Zitiert in N. A. W. Pekarewa und W. Gelfreich: Zodchiye Moskvi, S.178
4. Lenin i Leninizm, »Arkhitektura SSSR« 1/1939, S.17
5. Protiv Kosmopolitanizma 'v Arkhitekturnoi Nauke i Kritike (Gegen das Weltbürgertum in der Architekturpraxis und -kritik), »Sovietskoye Iskusstvo«, 19. März 1949
6. Rainer Pöschl, Kathedralen feiern Stalins Sieg, »Frankfurter Allgemeine Zeitung«, 24. November 1989
7. Projektleiter: S. Tschuk; Chefingenieur: A. Michailow; Architekten: L. Poljakow, F. Topunow. S. Birjukow, M. Pankow, A. Potschegow und R. Jakubow

Nachwort

1. A. Ephos, Master Sovietskogo empira, Petrograd o. J., S. 8

REGISTER